처음 만나는 알렉산더 테크닉

일러두기

* 각 챕터는 현재 자신의 자세와 움직임 등을 점검해 보고, 해부학 및 알렉산더 테크닉 이론을 살펴본 후, 더 나은 움직임을 탐색하는 활동으로 이어지도록 구성되어 있습니다.

* 본문 내 삽입된 큐알 코드를 따라가면, 해당 부분의 이론과 활동을 영상으로 접할 수 있습니다.

* 알렉산더 테크닉의 기본 철학은 무언가를 더해서 하는 것보다 불필요한 것을 하지 않는 것을 중요시합니다. 이에 책에서는 '한다/만든다'보다는 '되어진다'와 같은 수동태 표현을 유지했습니다.

처음 만나는
알렉산더 테크닉

바른 움직임이면
충분하다

김수연

Alexander
Technique

판미동

영상 바로 가기

컴퓨터, 스마트폰 사용이 일상화되면서 거북목 증후군, 손목터널 증후군은 이제 낯설지 않은 단어가 되었습니다. 이런 근골격계 질환의 원인 중 하나가 잘못된 자세라고 하며 여기저기서 바른 자세 교육을 강조하는데요. 구부정한 자세를 고치려면 허리를 펴고 어깨를 뒤로 당기라고 이야기하기도 하고, 턱을 아래로 당기라고 이야기하기도 합니다. 넘쳐 나는 정보 속에서 무엇이 올바른 자세에 대한 이야기일까요?

가만히 생각해 보면 우리는 앉을 때나 서 있을 때, 혹은 걸어 다닐 때, 어떻게 스스로의 몸을 움직이고 써야 하는지 제대로 교육받은 적이 없습니다. 하물며, 새로운 전자제품을 사더라도 꼼꼼히 매뉴얼을 보고 기능을 확인하는데, 정작 매 순간 수고롭게 움직이는 내 몸의 매뉴얼은 생각해 본 적이 없지 않나요?

이 책은 방치되었던 몸을 회복하기 위한 '내 몸 사용 설명서'입니다.

'승모근을 안정시키기 위해서는 이런 운동이 좋습니다. 요통 완화를 원할 땐 이런 동작을 하세요.' 같은 단편적 운동 나열이 아닌 **나의 삶 안에서, 일상 속에서 매 순간 행하고 있는 일상의 생활 자세, 움직임에서의 좋은 실천 방법**을 알렉산더 테크닉을 중심으로 찾아봅니다.

알렉산더 테크닉이란?

알렉산더 테크닉은 F.M.알렉산더(Frederick Matthias Alexander)가 고안한 메소드로, 지난 130년간 영국, 독일, 미국 등지에서 자세 및 움직임 교육법으로 공증되어 널리 활용되어 온 정통성 있는 소마틱스(somatics) 요법 중 하나입니다.

이미 서구에서는 심신발달 교육법으로 알렉산더 테크닉이 널리 알려져 있습니다. 교육학의 아버지 존 듀이(John Dewey)는 어린이들에게 균형 잡힌 사고와 의

소마틱스: 총체적인 생명체를 뜻하는 그리스어 소마(ωμa)가 어원인 소마틱스는, 심신일원론의 관점에서 몸과 마음을 다루는 요법들을 총칭합니다. 정적이고 고형적인 것을 뜻하는 '체(body)'를 넘어서, 유기체적 과정 안에서 환경에 끊임없이 적응, 변화하는 동시에 지속적인 정체성을 가지고 있는 살아가는 시스템으로서의 '몸(soma)'을 다룹니다. 대표적인 소마틱스 요법으로는 알렉산더 테크닉, 펠덴크라이스 등이 있습니다.

식적인 통제력을 길러 주기 위해 알렉산더 테크닉이 학교 공교육에 포함돼야 한다고 주장했죠. 동물생리학자 니콜라스 틴베르헨(Nikolas Tinbergen)은 노벨상 수상식에서 잘못된 습관에 젖은 인간의 신체시스템을 정상화할 방법으로 알렉산더 테크닉을 권하기도 했고요.

알렉산더 테크닉은 자극-반응 과정에서 습관화된 패턴을 발견하고, 새로운 반응을 찾아가며 스스로의 행동을 조율하는 방법입니다. 즉 **고착화된 몸과 마음의 습관, 긴장, 통증, 트라우마 등을 새롭게 인식하여 본래의 유연하고 건강한 나를 회복하는 교육법**인데요. 더 쉽게 표현해 보자면, 나에게 더 좋은 자세와 움직임을 찾고, 습관을 바꾸어 일상생활에 적용할 수 있도록 도와주는 방법입니다. 또한 알렉산더 테크닉은 통증 관리, 호흡과 발성 개선, 자세 교정, 퍼포먼스 향상, 마음의 안정, 불면증 개선, 집중력 향상 등에 효과가 있는 것으로 밝혀져 있습니다.

알렉산더 테크닉은 치료인가요?

여러 의학논문에서 알렉산더 테크닉이 만성통증에 효과가 있다고 보고되고 있습니다. 실제 현장에서도 통증 완화를 위해 알렉산더 테크닉을 활용하고 있는데요. 그러나 알렉산더 테크닉은 아픈 부분에 처치를 가하는 '치료'가 아닙니다.

원인보다는 결과를 중심으로 치료하는 일반적인 처치는 일시적으로 증상을 완화시키는 효과는 있을지 몰라도 재발 가능성이 높습니다. 또 근력 강화, 스트레칭과 같은 전통적인 운동 방식은 근육을 더 수축하게 하여 통증을 악화시키기도 하는데요. 운동으로 인한 필요 이상의 스트레스가, 근육이 몸을 보호하도록 설계

된 인체 시스템을 변형시켜 자연스러운 움직임을 방해하고, 통증을 유발할 수 있기 때문입니다.

반면 알렉산더 테크닉은 통증의 원인이 되는 자극, 즉 스트레스 상황 혹은 통증을 유발하는 환경 자체에 주목합니다. 그리하여 **'상황과 환경에 어떻게 반응할 것인가?'**를 중심으로 문제를 새롭게 바라보며 습관화된 몸과 마음의 반응패턴을 스스로 개선해 나갈 수 있게 돕습니다. 이렇듯 원인으로부터 접근하여 통증을 자연스럽게 치유하는 것이 알렉산더 테크닉의 교육 방법입니다.

알렉산더 테크닉은 운동인가요?

알렉산더 테크닉은 정형화된 동작을 반복적으로 수행하는 엑서사이즈(exercise) 성격의 운동은 아닙니다. 그러나 실제 움직임이 일어나기 전 '운동 계획 단계'에서 움직임과 운동에 영향을 주는 근본적인 요인들을 자각(awareness)하고, 이러한 의식을 바탕으로 학습하는 '인지 운동(cognitive exercise)'이라고 할 수 있습니다.

MBC「나 혼자 산다」프로그램에서 유아인 배우가 알렉산더 테크닉에 대해 다음과 같이 이야기했습니다.

"알렉산더 테크닉은 운동에 대한 철학·패러다임을 통째로 바꿔 놓았다.
해부학적으로 접근하고, 몸에 대한 이해를 높여 준다.
그래서 신체 컨트롤 능력이 향상되었다."

'운동에 대한 철학·패러다임을 바꿔 놓았다.'는 표현으로 인지 운동에 대한 설명을 해 주었는데요. **내 몸에 대한 인식이 달라져 실제 운동을 할 때 신체 조절 능력 향상에 도움을 주었다고 말하고 있습니다.**

유아인 배우의 이야기처럼 알렉산더 테크닉을 통해 자신의 몸과 움직임에 대한 자각 능력이 좋아지면 몸에 가해지는 불필요한 압박과 긴장을 미리 예방할 수 있습니다. 이는 승모근 긴장 완화, 요통 감소와 같은 신체 한 부분의 통증과 긴장 감소뿐 아니라 몸 전체의 운용 능력과 공간 지각력도 향상시켜 근골격계 시스템(musculoskeletal system) 전반에 이로운 영향을 줍니다.

이에 알렉산더 테크닉은 좁은 의미에서의 운동(exercise)이 아닌 넓은 의미에서인 운동 학습(motor learning)의 운동, 인지를 통한 운동이라고 볼 수 있습니다.

알렉산더 테크닉의 특화된 교육 방식, 핸즈온(hands on)

초기 알렉산더 테크닉 교육은 1:1 개인 레슨과 소그룹 레슨을 중심으로 이루어졌습니다. 레슨은 눕기, 앉기, 서기와 같은 일상 속 자세를 기본으로 걷기, 달리기, 말하기, 노래하기, 연기하기, 타이핑하기와 같은 복잡한 동작을 다루는데요.

3년 동안 1600시간의 정규과정을 이수한 전문 알렉산더 테크닉 교사가 핸즈온과 언어적 가이드를 사용해 몸감각적 지각력, 몸의 협응력 등을 높여 일상생활 및 직무 자세, 퍼포먼스 수행력을 향상시키는 것이 기본 구조입니다.

알렉산더 테크닉의 핸즈온은 교사가 학생의 몸(뒷목, 갈비뼈, 허리 등)에 손을 대고, 학생이 그 부분에 주의(attention)를 기울여 인지하는 것에서 시작됩니다. 그러나 핸즈온은 신체에 압력을 가하거나 정렬을 수정하는 일반적인 치료법이나 마사지와는 다릅니다.

우선 교사는 시각과 정교한 손의 감각을 통해 학생의 몸 전체의 협응과 흐름 등의 조직화 상태(organization)를 느끼고 읽어 냅니다. 그리고 더 나은 정렬, 근육의 톤, 움직임의 협응, 내부 흐름의 조율을 섬세한 핸즈온으로 안내합니다. 이를 위해 알렉산더 테크닉 교사는 교육 과정 동안 자기 스스로의 정렬을 인지하고, 협응과 내부 흐름을 유기적이고 자연스럽게 만들기 위해 많은 시간을 쏟는데요. 교사 자신에게 좋은 연결과 흐름이 마련되어 있지 않다면 학생과 좋은 상호 작용을 할 수 없기 때문입니다. 이 부분이 다른 메소드의 접촉과 가장 차별적인 부분입니다. 나의 좋은 연결을 학생에게 전달하는 것(transmit to student)이 학생의 전의식적(preconscious) 변화를 촉발하고, 이것이 실제 자세와 움직임, 더 나아가 관념과 태도까지 연결된다고 이해하는 것이죠.

130년간의 임상과 연구들을 통해서 알렉산더 테크닉의 핸즈온은 신체 연결과 협응, 바닥으로부터의 지지, 공간 인지 등 스스로의 신체와 환경 간의 기능적 관계를 명확히 함으로써 핸즈온을 받는 사람의 신경계에 의미 있는 정보를 제공한다는 사실이 밝혀지고 있습니다. (Timothy W. Cacciatore, Patrick M. Johnson, and Rajal G. Cohen, 「Potential Mechanisms of the Alexander Technique」)

핸즈온 없이도 알렉산더 테크닉을 배울 수 있을까요?

핸즈온으로 연결된 교사와 학생 간의 섬세한 감각적 소통이 메소드의 기본이라고 했는데요. 그렇다면 알렉산더 테크닉을 혼자서도 배울 수 있을까요? 이 질문이 『처음 만나는 알렉산더 테크닉』을 집필하게 된 계기가 되었습니다. 물론 알렉산더 테크닉을 정교하게 경험하려면 핸즈온이 필요합니다. 그러나 핸즈온 없이 알렉산더 테크닉의 기본 개념과 철학을 이해하고, 몸과 움직임에 대한 매커니즘과 해부학적 구조를 나의 감각을 통해서 탐색하고 만나 보는 것 역시, 알렉산더 테크닉을 깊이 있게 경험하는 하나의 방법이 될 수 있기에 이 책을 쓰게 되었죠.

실제 핸즈온 중심의 초기 알렉산더 테크닉 교육은 130년 역사 안에서 기본원리를 바탕으로 하여 그 원리가 실제 삶 안으로 들어올 수 있도록 발달해 왔습니다. 다양한 활동과 상황으로 접근하여 핸즈온 없이도 교육이 가능한 그룹 수업 등으로 말이죠.

가령, 바이올린 연주자가 알렉산더 테크닉을 배운다면 어떨까요? 일상에서 잘못된 습관을 인식하여 불필요한 근육의 긴장을 덜어 낼 수 있습니다. 그리고 이를 바탕으로 실제 바이올린 연주에서도 오랜 연습 안에서 굳어진 잘못된 몸의 사용 패턴을 인식하고, 이를 수정하는 방식을 학습하게 됩니다. 이런 활동은 바이올린 연주뿐만 아니라, 컴퓨터 키보드 치기, 계단 오르기, 골프 스윙 자세, 말 타기, 칼질하기 등에 다양하게 적용될 수 있습니다. 때문에 알렉산더 테크닉 학습이 일어나는 곳은 오케스트라 리허설 무대일 수도, 연기 오디션일 수도, 호텔 주방일 수도, 치과 진료실일 수도 있죠.

알렉산더 테크닉은 단순히 몸과 움직임만을 다루는 테크닉이 아닙니다. 실제로도 몸과 마음의 연결성에 관한 인문학적 이해, 경험하는 해부학적 탐색, 그룹 움직임 활동, 토론 등 다양한 교습법을 사용합니다. 또한 그 주제에 있어서도 운동 및 수행력 향상뿐 아니라 몸의 이완, 긴장과 통증에서 벗어나기, 일상에서 직면하는 나만의 습관적 스트레스 상황과 반응을 인식하고 변화시켜 나가는 것까지 모두 아우릅니다. 더 나아가 '어떻게 세상을 인식하고, 살아나갈 것인가?' 하는 철학적 사유를 몸으로 대면하고, 풀어 가는 작업이기도 합니다.

이 책의 구성에 대하여

『처음 만나는 알렉산더 테크닉』은 혼자서도 일상에서 실천할 수 있는 **알렉산더 테크닉 입문 실용서**입니다.

방치되었던 내 몸을 회복하기 위해, 이완의 기술, 자세의 기술, 움직임의 기술, 그리고 삶의 기술로 나누어 살펴봅니다. 세부적으로 호흡과 감각, 서기와 앉기, 구부리기(멍키), 걷기, 몸의 습관과 마음의 습관을 살펴볼 예정인데요. 먼저 '이완의 기술'에서는 교감신경이 너무 활성화되어 쉽게 이완하지 못하는 현대인을 위한 호흡과 감각을 만나 봅니다. 그리고 '자세의 기술'에서는 안정성과 역동성이 공존하는 서기와 앉기를 탐색해 봅니다. 그리고 '움직임의 기술'에서는 부드러우면서도 탄성 있는 구부리기(멍키 자세), 걷기를 경험합니다. 또한 알렉산더 테크닉의 주요 화두인 인히비션(inhibition)을 중심으로 몸과 마음의 습관으로 나누어 '삶의 기술'로서 알렉산더 테크닉을 만나 볼 예정입니다.

그럼 이제, 하나씩 만나 볼까요?

PART 1

이완의 기술

내 몸 사용법의 출발은 '이완의 기술'입니다.

힐링, 쉼, 멍 때리기 등이 인기를 끄는 건 그만큼 현대인의 삶이 스트레스의 연속이기 때문이겠죠.

"긴장 상태에서 벗어나 완전히 쉬고 있는 이완 상태로 간다."

이것이 우리가 가지고 있는 이완에 관한 개념이기 쉽습니다. 마치 컴퓨터가 켜져 있는 on 상태를 긴장, 꺼진 off 상태를 이완이라고 이분법적으로 나누는 것과 같지요.

이 책에서는 제안드리는 이완은 완전히 '전원을 끈 상태', 나의 감각과 의식을 다 끄고 흡사 좀비와 같은 모습으로 수동적인 휴식을 취하는 방식이 아닙니다. 오히려 전원이 켜져 있는 상태에서도 쉴 수 있는 능동적 방식의 휴식입니다.

능동적 방식의 휴식을 경험해 보기 위해서는 긴장에 관한 재정의도 필요합니다. 긴장을 마치 없애야 하는 것, 부정적인 것으로만 생각하기 쉬운데, 긴장은 휴식과 마찬가지로 삶을 지속해 나갈 때 꼭 필요한 원동력입니다. 즉 긴장 자체가 좋지 않은 것이 아니라 불필요한 긴장을 피해야 하는 것입니다.

이에 내가 필요한 만큼의 긴장을 하고 있는지, 과한 긴장을 하고 있지는 않은지 자각하는 것이 능동적 이완의 첫걸음이 됩니다. 이번 파트를 통해 능동적 이완을 실천할 수 있는 방법을 호흡과 감각을 통해 하나씩 만나 보겠습니다.

CHAPTER 1 　　　　　호흡

"숨을 쉬려는 노력을 그만두자, 내가 숨을 쉬고 있다는 것을 비로소 알게 되었다."
— F. M. 알렉산더

───── ALEXANDER TECHNIQUE ─────

나는 어떻게 숨을 쉬고 있을까?

영상 바로 가기

"숨을 잘 쉬고 있나요?"

이런 질문을 받는다면 어떨까요? 편안하게 숨을 잘 쉬고 있었는데, 혹시 이 질문을 듣는 순간 숨쉬는 게 불편해지지는 않았나요?

숨쉬기는 무의식과 의식의 영역을 오가는 활동입니다. 그래서 숨을 인식하고 수정하려는 의도가 오히려 숨을 더 불편하게 만들기도 합니다. 자연스러운 호흡을 인위적으로 배우고 기계적으로 학습하면 반대로 호흡의 질이 더 나빠질 수도 있다는 얘기지요. 그만큼 호흡은 섬세하게 알아차리고, 우회적인 방법으로 접근해야 하는 활동입니다.

호흡은 생명체가 유기물을 분해하고 생활에 필요한 에너지를 만드는 삶의 필수 요소입니다. 영양분을 공급하고, 우리 몸을 정화하면서 인체 시스템을 지탱하는 역할을 하죠. 우리가 태어나 처음으로 하는 활동이 숨쉬기이고, 죽을 때 마지막까지 하는 활동도 숨쉬기입니다. 우리는 숨을 멈추면 살아 있지 못합니다.

우리는 하루에 얼마나 숨을 쉴까요? 매일 약 23,000번의 숨을 쉬며, 9리터의 공기를 마신다고 합니다. 지금 이 책을 읽는 순간에도 여러분은 호흡 활동을 하고 있습니다. 하지만 '지금 내가 숨을 쉬고 있구나.' 하고 자각하지는 않지요.

이 무의식적인 호흡 활동을 더 잘하기 위해, 먼저 우리의 자연스러운 호흡에 큰 영향을 미치는 두 가지 요소를 살펴봅시다.

1) 감정과 생각

숨은 평소 의식하거나 노력하지 않아도 잘 쉬어집니다. 그러나 불편한 사람이 가까이 다가오면 급격히 얕아지곤 하죠. 발표나 시험 등을 앞두었을 때처럼 긴장이 느껴지는 순간, 안정적이던 호흡이 점차 빨라지거나 나도 모르게 숨을 참기도 합니다. 호흡이 빨라지거나 얕아지면 몸은 긴장되어 더욱 뻣뻣해지고, 그래서 중요한 순간에 평소의 실력을 제대로 발휘하지 못하기도 하죠.

하지만 반대로, 긴장될 때 호흡에 집중하여 숨을 원래의 고요한 상태로 돌릴 수 있다면 어떨까요? 호흡이 안정되어 있다면, 당연히 신경계도 안정되고 과도하게 긴장된 근육 역시 안정시킬 수 있습니다.

2) 자세

위 그림 속 두 소녀는 각각 다른 자세로 낚시를 하고 있습니다. 왼쪽 소녀의 숨쉬기와 오른쪽 소녀의 숨쉬기를 상상해 본다면 어떤 차이가 있을까요?

오른쪽 소녀는 몸통이 구부정합니다. 척추는 눌려 있고, 어깨도 말려 있지요. 이런 몸의 형태, 곧 자세는 호흡의 순환을 방해합니다. 때문에 오른쪽 소녀는 얕은 숨을 쉴 가능성이 많습니다. 물론 왼쪽 소녀는 그렇지 않겠죠.

그럼 여러분은 지금 오른쪽 소녀에 가까울까요, 왼쪽 소녀에 가까울까요? 대부분 오른쪽 소녀와 다르지 않을 겁니다. 평소 회사에서 업무에 집중하거나 집에서 TV에 빠져 있다 보면 나도 모르게 구부정한 자세를 취하게 됩니다. 스마트폰을 보느라 고개를 푹 숙이고 있는 시간도 상당히 길지요. 그런 나쁜 자세와 긴장된 몸이 조금씩 나의 숨쉬기 활동을 나쁘게 만드는 겁니다.

구부정한 자세가 왜 호흡에 나쁜 영향을 미치는지 생각해 볼까요? 인간은 네 발 동물과 달리, **호흡의 주요기관인 갈비뼈가 위-아래로 세워져 있습니다.** 그래서 구부정한 자세에서는 호흡할 때 확장되는 갈비뼈의 움직임이 제한되기 쉽습니다. 일단 이 기초적인 사실을 알았다면, 이제 한 걸음 더 들어가 봅시다.

사전 관찰 활동

지금 나는 숨을 어떻게 쉬고 있을까요?

바닥에 등을 대고 누워, 자연스럽게 숨을 쉬어 봅니다. 자신의 호흡을 관찰하면서, 아래의 질문에 답해 봅니다. 관찰한 내용을 적거나 그리는 방식도 좋습니다.

☑ 주로 코로 숨을 쉬나요, 입으로 숨을 쉬나요?

_____

_____

_____

☑ 편안한 숨을 쉬고 있을 때, 어깨가 들썩거리나요?
  들썩거린다면, 어느 방향으로 움직이는지 관찰하고 적어 봅니다.

_____

_____

_____

☑ 편안한 숨을 쉬고 있을 때, 가슴 부분이 움직이나요?
  가슴 부분이 움직인다면, 어느 방향으로 움직이는지 관찰하고 적어 봅니다.

_____

_____

_____

☑ 편안한 숨을 쉬고 있을 때 복부가 움직이나요?
복부가 움직인다면, 어느 방향으로 움직이는지 관찰하고 적어 봅니다.

☑ 편안한 숨을 쉬고 있을 때 골반이 움직이나요?
골반이 움직인다면, 어느 방향으로 움직이는지 관찰하고 적어 봅니다.

코 안에 있는 얇은 털들은 먼지를 거르는 필터 역할을 합니다. 그리고 공기가 혈관이 많은 콧속을 지나며 따뜻해집니다. 폐로 들어가는 공기가 따뜻해져 체온이 높아지는 거죠. 그러므로 일반적인 상황에서는 코로 숨 쉬는 것이 입으로 숨 쉬는 것보다 더 바람직한데요. 최대치의 호흡량으로 숨을 쉬기에는 구강호흡이 더 적합해서, 뛰거나 노래를 할 때는 입으로 숨을 쉬는 방법을 사용합니다.

호흡 안에서 어깨, 가슴, 복부, 골반의 움직임을 관찰하는 것은 어땠나요? 숨을 쉬는 동안 어깨, 가슴, 복부 등의 세밀한 움직임을 알아보는 것이 처음에는 쉽지 않을 수 있는데요. 주의를 기울여 관찰하는 것으로부터 더 좋은 숨으로의 변화가 시작될 수 있으니 관찰이 어려웠다면 여러 번 시도할 것을 권해 드립니다.

앞으로 각 챕터에서 만나 볼 사전 관찰 활동은 평가의 의미보다는 현재 내가 어떻게 행동하고 있는지 알아보기 위해 마련했습니다. 사전 관찰 활동을 할 때는 정답을 찾으려 하기보다 관찰하는 태도로 나의 현재 자세와 움직임을 만나 보길 바랍니다.

───── ALEXANDER TECHNIQUE ─────

폐, 갈비뼈, 횡격막 알아보기

몸통을 가득 채우고 있는 폐

영상 바로 가기

산소를 얻고 이산화탄소를 배출하는 호흡기관인 폐를 먼저 알아볼까요?

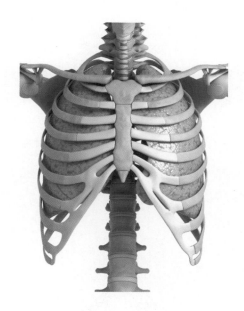

우리가 숨을 들이마시면 코를 통해 들어온 공기는 목의 인두, 후두, 기관, 기관
지를 거쳐 폐로 들어옵니다. 폐의 폐포(허파꽈리)는 혈액 내 이산화탄소와 산소를

교환하죠. 이렇게 산소가 풍부해진 혈액은 온몸의 조직으로 산소를 공급합니다. 교환된 이산화탄소는 폐포를 거쳐 내쉬는 숨과 함께 몸 밖으로 배출됩니다. 이렇듯 폐는 호흡 메커니즘에 있어 매우 중요한 기관이죠.

보통 폐가 몸통의 일부분, 특히 가슴 언저리 정도에만 있다고 생각하기 쉽습니다. 그러나 실제로 폐는 몸통을 가득 채우고 있습니다. 폐의 길이는 대략 자신의 손끝에서 팔꿈치까지의 길이와 같습니다. 생각보다 훨씬 길지요. 또, 뒤쪽에서 바라보면 폐가 척추와 맞닿아 있습니다. 이렇듯 폐는 늑골, 척추와 서로 관계를 맺으면서, 몸통 전체를 감싸고 있답니다.

'폐가 몸통의 일부분에만 위치한 것이 아니라 몸통을 가득 채우고 있다!' 이런 생각의 전환만으로도 깊은 호흡으로의 변화가 시작됩니다. 우리 몸 안의 폐를 자각하는 것만으로도, 잊혀져 있던 폐의 움직임이 확장되듯 깨어나 보다 더 깊은 숨과 만날 가능성이 열리는 거지요.

오른쪽 폐는 위엽, 중간엽, 아래엽 세 부분으로 구성되며, 왼쪽 폐는 위엽, 아래엽 두 부분으로 구성됩니다. 왼쪽 폐가 오른쪽 폐보다 면적이 작은 이유는 심장이 우리 몸 왼쪽에 있기 때문입니다.

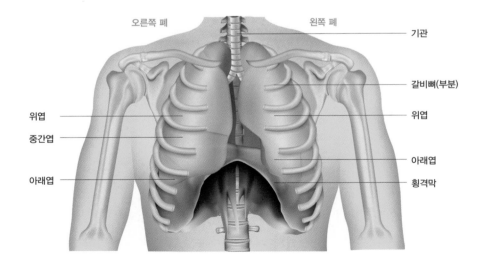

──────────────── **PRACTICE** ────────────────

폐 자각하기

영상 바로 가기

쇄골의 오르고 내리는 움직임을 통해 폐의 움직임을 자각해 봅니다.

 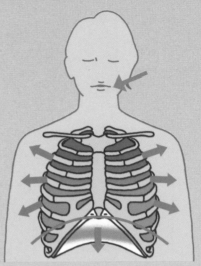

① 손에 힘을 빼고, 왼손을 오른쪽 쇄골 위에 얹어 놓습니다. (손에 힘이 들어가면 몸을 감각하기 어려우니, 먼저 손에 힘을 빼야 합니다.)

들숨과 함께 쇄골이 위로 올라가는 것을 느껴 봅니다.

부드러운 왼손의 감각(촉각, 압력, 온도 등)으로부터 점차 오른쪽 쇄골과 그 아래 위치한 폐의 위엽의 움직임이 더 확장되는 것을 느껴 봅니다.

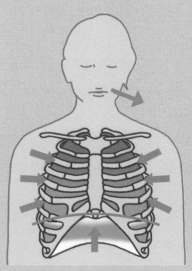

② 날숨과 함께 쇄골이 아래로 내려가는 것을 느껴 봅니다.

③ 반대쪽도 같은 방식으로 진행합니다.

쇄골이 움직이는 것은 쇄골 아래에 폐의 위엽이 있기 때문입니다. 폐의 윗부분을 만난다고 생각하면서, 손을 통해 쇄골의 움직임을 자연스럽게 따라가도록 합니다. 쇄골 바로 밑까지 폐가 가득 차 있다는 사실이 놀랍지 않나요? 깊고 풍부한 호흡은 '몸통 전체가 숨을 쉰다.'는 자각에서 출발합니다. 답답하거나 긴장될 때마다 일상에서 스스로 알아차리는 것이 바로 이완의 시작입니다.

부드럽게 움직이는 갈비뼈

갈비뼈(늑골)는 영어로 'rib cage'라고 부릅니다. 또 갈비뼈와 가슴뼈(흉골), 가슴등뼈(흉추)를 총칭하는 한자어는 '흉곽(胸廓)'입니다. 이런 용어들은 '새장, 방어용 시설, 가둔다' 같은 이미지를 연상시킵니다. 갈비뼈는 폐와 심장 등 내장기관을 보호하는 기능을 하기에, 단단한 성질이 있는 것은 사실입니다. 그러나 갈비뼈를 고정된 딱딱한 새장처럼 인식한다면 어떨까요? 자유로워야 하는 갈비뼈의 움직임이 제한될 수 있고, 그러면 자연스러운 숨의 흐름을 방해할 수 있습니다. 그렇다면 좋은 호흡을 도와주는 갈비뼈의 참모습은 어떤지 갈비뼈의 구조와 움직임을 통해 한번 살펴볼까요?

갈비뼈는 12쌍, 즉 척추를 중심으로 12개씩 양쪽으로 펼쳐져 있습니다. 흥미로운 사실은 12개의 갈비뼈가 위치한 부분에 따라 연결된 부분도 제각각, 길이도 제각각이라는 것인데요.

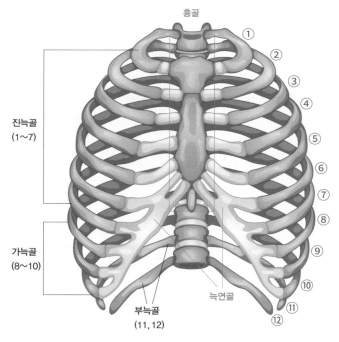

우선 갈비뼈의 전체적인 모습을 보면, 가슴 앞부분에서 만나고 점차 아래로 내려갈수록 벌어지는 모양을 하고 있습니다. 해부학적으로 갈비뼈를 세 개의 영역으로 구분하는데요. 가슴뼈에 직접 붙어 있는 7개의 갈비뼈(진늑골), 갈비활을 통해 연결된 3개의 갈비뼈(가늑골), 가슴뼈와 연결되지 않고 복근에 붙어서 떠 있는 2개의 갈비뼈(부늑골)입니다. 이 갈비뼈들은 각각의 구조가 다른 것처럼 호흡할 때의 움직임도 다릅니다.

그림을 자세히 보면, 앞쪽에서 갈비뼈가 가슴뼈와 만날 때에도 바로 붙어 있지 않은 것을 볼 수 있는데요. 갈비뼈와 가슴뼈는 연골(cartilage)을 통해 연결되어 있습니다. 연골은 저항력과 탄력성이 좋은 만큼 **유연한 연골이 갈비뼈의 움직임을 돕고 있다**고 이해해 볼 수 있습니다.

대부분의 갈비뼈들은 앞으로는 가슴뼈, 뒤로는 척추와 만나고 있습니다. 양쪽이 고정되어 있기 때문에 갈비뼈는 독특한 움직임을 나타냅니다. 숨을 들이쉴 때 폐는 들숨과 함께 부풀어 오릅니다. 또한, 갈비뼈 사이에 있는 늑간근이 수축하며 갈비뼈의 공간이 확장됩니다. 움직임의 방향성은 기본적으로 중심축인 척추로부터 멀어지는 방향을 가집니다.

반대로 숨을 내쉴 때 폐는 힘 있게 빠져나가는 공기로 인해 원래의 크기로 되돌아옵니다. 수축되었던 늑간근은 이완되며, 갈비뼈 역시 원래로 되돌아오는데, 움직임의 방향성은 중심축인 척추를 향하는 방향을 가집니다. 그래서 숨을 쉴 때의 갈비뼈 이미지를 아코디언 움직임에 비유하는 사람도 있죠.

갈비뼈는 보통 약간의 사선 아래 방향을 향하고 있습니다. 갈비뼈가 아래쪽을 향하고 있다고 인식하면, 호흡이 편안해지는 데 도움이 될 수 있습니다. 반대로, 실제와 다르게 생각한다면 어떨까요? 만약 갈비뼈가 약간 시선 아래로 기울여지지 않고 수평이나 위쪽을 향한다고 생각한다면, 숨을 쉴 때 가슴을 들어올리며 허리를 젖히는 동작을 유발할 수 있습니다. 그렇다고 너무 아래로 향해도 호흡을 방해하겠죠.

갈비뼈가 들리거나 지나치게 아래를 향한 자세

　이제 갈비뼈 움직임의 방향성이 호흡의 질과 관련된다는 걸 이해했을 텐데요. 자세히 보면, 12개의 갈비뼈가 모두 같은 움직임 패턴을 가지지는 않습니다. 12개의 갈비뼈는 뼈의 길이나 연결된 위치가 모두 제각각 다르기 때문에 그 움직임도 다릅니다. 갈비뼈의 움직임을 알아보기 위해서 먼저 살펴봐야 하는 것은 뼈가 가지고 있는 본래의 방향성입니다.

　앞서 갈비뼈가 세 부분으로 나뉜다는 것 기억하시나요? 해부학적으로 진늑골, 가늑골, 부늑골로 구분되었는데요. 부착 구조가 같은 진늑골이라도 해도 갈비뼈의 형태과 크기에 따라 우리가 인지하는 움직임 방향성은 다릅니다.

　가령, 쇄골 바로 아래에 있는 1, 2번 갈비뼈는 폐의 위엽 위에 위치하고 있는데요. 이 두 갈비뼈는 구조적으로 뒤쪽이 앞쪽보다 올라간 형태라 숨을 들이마시면,

뒤쪽 갈비뼈가 어깨와 가까워지며 타원형의 모양을 띠게 됩니다. 이에 일반적인 갈비뼈 움직임과 달리 위-아래 방향이 더 느껴집니다.

반대로 가장 밑에 있는 11, 12번 갈비뼈는 앞은 떠 있으면서 뒤로만 척추와 만나고 있는 형태라 다른 갈비뼈들과는 다른 움직임 방향성을 가집니다. 즉 뒤가 고정되어 있고 앞은 떠 있는 열린 구조라, 들숨 시 발쪽 방향을 향하여 사선으로 내려갔다가 되돌아오죠.

그렇다면 그 사이에 있는 3~10번 갈비뼈의 움직임은 어떨까요? 3~10번 갈비뼈는 앞뒤가 모두 고정된 상태여서, 척추와 연결된 관절면에서 갈비뼈의 회전(rotation) 움직임이 일어납니다. 뒤쪽뿐만 아니라 앞쪽도 고정되어 있기에 마치 양동이 손잡이와 같은 움직임이 만들어집니다. 하나하나 앞뒤가 고정되어 있으니, 밑의 그림처럼 위-아래로 움직이는 것이죠. 그럼 이제 갈비뼈의 움직임을 활동으로 만나 볼까요.

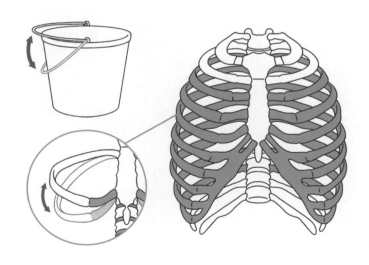

3~10번 갈비뼈의 '양동이 손잡이' 움직임

─── **PRACTICE** ───

갈비뼈 움직임 자각하기

영상 바로 가기

호흡할 때 함께 협응하는 갈비뼈 움직임이 해부학적 위치에 따라 어떻게 다르게 나타나는지 느껴 봅니다. 편하게 앉은 자세에서 자연스럽게 숨을 쉬며 갈비뼈 전체의 움직임을 자각해 봅니다.

❶ 쇄골 아래의 갈비뼈 쪽에 손을 대고 주의를 1, 2번 갈비뼈로 가져갑니다.

들숨 시, 위쪽 갈비뼈가 살짝 올라와 어깨가 귀와 살짝 가까워지는 것을 감각합니다.

날숨 시, 위쪽 갈비뼈가 살짝 내려가 어깨가 귀와 살짝 멀어지는 것을 감각합니다.

② 가슴 옆의 갈비뼈 쪽에 손을 대고 주의를 3~10번 갈비뼈로 가져갑니다.

(전체를 인식하기 어려우면 중간 3~4개만 인식해도 괜찮습니다.)

들숨 시, 중간 갈비뼈들이 마치 양동이 손잡이가 올려지듯 갈비뼈 옆쪽 사이사이가
벌어지는 것을 감각합니다.

날숨 시, 중간 갈비뼈들이 마치 양동이 손잡이가 내려지듯 갈비뼈 옆쪽 사이사이가
원래대로 돌아오는 것을 감각합니다.

③ 좀 더 아래 옆구리 쪽의 갈비뼈에 손을 대고 주의를 11~12번 갈비뼈로 가져갑니다.
들숨 시, 아래 갈비뼈들이 발쪽 방향을 향하여 사선으로 내려가는 것을 감각합니다.
날숨 시, 아래 갈비뼈들이 반대 방향의 사선으로 되돌아오는 것을 감각합니다.

④ 위 갈비뼈(위–아래), 중간 갈비뼈(옆으로 오르내림), 아래 갈비뼈(사선 아래–제자리)를 함께
감각하고, 전체 갈비뼈의 움직임을 자각하면서 숨을 이어나가 봅니다.

• 입문자는 손을 대고 감각하지만, 익숙해지면 손을 대지 않고도 주의를 기울여 느낄 수 있습니다.

이처럼 각각의 갈비뼈는 영역별 위치에 따라 연접한 부분과 형태가 다르기 때문에 독립적
인 움직임이 만들어집니다. 하지만 들숨과 날숨의 흐름 안에서 공동의 움직임 패턴을 가
지니 이는 전체적으로 경험하는 것이 필요합니다.

근육으로 이루어진 횡격막

횡격막은 가슴 부분과 배 부분을 나누는 막입니다. '막(膜)'이라는 명칭으로 불리고 있지만, 실제로는 수축되고 이완되는 '근육'입니다.

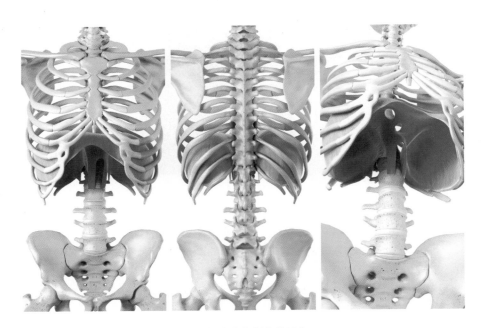

앞, 뒤, 아래에서 본 횡격막

횡격막은 몸통 앞쪽과 옆쪽에서는 갈비뼈 안쪽에 닿아 있으며, 몸통 뒤쪽에서는 요추 안쪽에 닿아 있습니다. 돔 형태로 둥글게 생긴 횡격막은 들숨과 함께 평평하게 아래쪽 방향으로 내려갑니다. 횡격막이 내려가면서 가슴 부분에 공간이 만들어지고, 갈비뼈가 확장되는 움직임이 일어납니다. 들숨 시 들어오는 공기와 함께 폐가 부풀 때, 횡격막은 평평하게 아래로 내려가며 수축되는 것이죠. 반대로 날숨일 때는 공기가 빠져나가 폐는 원래 사이즈로 줄어들고, 횡격막도 이완되어 원래 형태로 돌아갑니다. 호흡할 때 횡격막의 움직임이 폐가 부풀고 꺼지는 데 도움을 준다고 할 수 있는데요. 가령 날숨과 함께 이완되어 제자리로 돌아온 횡격막은 갈비뼈와 복부도 원상태로 돌아오게 해 줍니다.

호흡에 따라 근육이 수축하고 이완하면서 가슴 부분과 배 부분을 움직이게 하는 횡격막의 운동성은 단순히 호흡뿐만 아니라, 폐 아래쪽에 있는 장기의 움직임까지 함께 돕습니다. 가령 들숨일 때는 횡격막이 아래로 내려와, 공간이 필요해진 장기들이 앞으로 불룩 튀어나옵니다. 그렇기 때문에 횡격막의 움직임이 부족해지면 폐뿐 아니라 아래쪽 소화기 장기들에도 나쁜 영향을 끼칠 수 있지요. 이처럼 호흡에서 횡격막의 수축과 이완이 잘 일어나지 않으면, 갈비뼈와 복부의 움직임 역시 잘 일어나지 않습니다.

횡격막이 자연스럽게 끊임없이 움직여 결과적으로 갈비뼈나 복부 또한 움직이게 되는 호흡이 좋습니다. 반면 복식호흡이나 흉식호흡을 잘못 이해할 경우, 인위적으로 갈비뼈나 복부를 움직일 수도 있습니다. 그러면 강제적인 호흡근들을 사용하여 긴장이 과도해지고 자연스러운 호흡 메커니즘을 망가뜨릴 수 있습니다.

그런데 오늘날 잘못된 호흡 습관, 지속된 긴장 등으로 횡격막의 움직임이 부족한 경우가 많습니다. 횡격막의 움직임이 부족하면, 횡격막이 맞닿은 갈비뼈와 횡격막의 아래쪽에 위치한 내장기에도 영향을 미칠 수밖에 없습니다.

횡격막의 움직임은 스스로 느끼기 어렵습니다. 그래서 횡격막의 움직임을 통해 더 좋은 숨을 찾아 가기도 쉽지가 않지요. 하지만 우회적인 방법으로 횡격막과 갈비뼈의 움직임을 자각할 수도 있습니다. 호흡하면서 횡격막을 '심상화'하여 움직임을 찾아보는 것이죠. 그러면 더 깊고 편안한 숨에 다가갈 수 있는데요. 다음 활동들을 한번 실천해 보도록 하겠습니다.

━━━ PRACTICE ━━━

횡격막 움직임 자각하기

영상 바로 가기

횡격막의 움직임을 직접 느낄 순 없지만, 심상 이미지를 활용해 그 움직임을 떠올리며 편안한 호흡을 찾아가 봅니다.

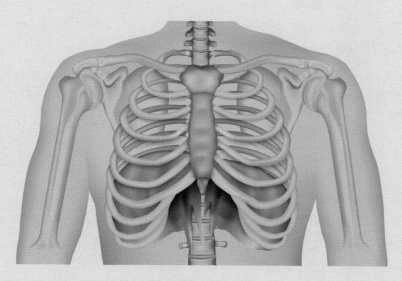

① 눈을 감고 들숨과 날숨의 흐름을 관찰해 봅니다.

② 들숨으로 상승되고 열리는 몸의 부분들을 관찰합니다. 이때, 이와는 반대로 횡격막은 내려가는 방향성의 움직임을 가진다고 상상합니다.
일부러 갈비뼈를 열거나 배를 부풀리는 행동은 하지 않습니다.

③ 이 상상을 횡격막 움직임의 심상화로 가져가며 그 결과로 자연스럽게 갈비뼈가 열리고, 배가 부풀어지는 것을 허용합니다.

허용한다: 보통 움직임이나 동작을 설명할 때, '한다(doing)'는 표현을 사용합니다. 호흡 활동에서도 "날숨과 들숨의 결과로, 배가 부풀어지게 한다."고 설명하기 쉬운데요. 이와 같이 '한다'고 설명하면 의식적으로 배를 부풀리거나 과한 동작을 만들어 내려고 노력하여 불필요한 근긴장을 만들 수 있습니다.
이에, 알렉산더 테크닉에서는 '한다'는 표현 대신 '허용한다(allow)' '그려 본다(project)' '생각한다(think)' 등을 사용합니다. 위 활동에서는 '허용한다'로 안내를 했습니다. 보다 상세한 탐색을 위해서 알렉산더 테크닉 개념인 '디렉션'을 이해하면 좋습니다. (154쪽 참조)

④ 날숨으로 상승되고 열렸던 몸의 부분들이 제자리로 돌아오는 것을 관찰합니다. 이때, 횡격막은 올라가는 방향성의 움직임을 가진다고 상상합니다.

⑤ 이 상상을 횡격막 움직임의 심상화로 가져가며, 그 결과로 자연스럽게 갈비뼈와 배가 제자리로 돌아오는 것을 허용합니다.

· 횡격막이 조금씩 움직여도 괜찮으니, 일부러 쥐어짜는 느낌으로 갈비뼈를 모으거나 배를 집어넣는 행동은 하지 않습니다.

이처럼 호흡 활동은 움직임이 연결되어 지속적으로 연쇄 반응(chain reaction)이 일어나는 섬세하고 정교한 시스템입니다. 의식적으로 호흡을 좋게 만드는 작업은 쉽지 않지만, 꾸준히 살펴보고 느껴 보며 자연스럽고 편안한 호흡을 찾아보길 권합니다.

—— ALEXANDER TECHNIQUE ——

세미수파인, 호흡하는 몸으로 돌아가라

호흡을 방해하는 요소로부터 해방되기

F.M. 알렉산더는 그의 저서『인류 최고의 유산(*Man's Supreme Inheritance*)』에서 현대 문명생활의 인공적인 조건들로 인해 자연스러운 호흡이 제한받았다고 이야기합니다. 그 결과, 가슴의 용량과 가동성이 줄어들고, 척추뿐 아니라 갈비뼈, 쇄골 등도 변형되며, 장기들도 영향을 받아 생체 기능 전반에 악영향을 줄 수 있다고 경고합니다. 그러면서 알렉산더는 호흡 재교육(re-education)이 필요하다고 주장합니다. 당시의 호흡 운동과 교육이 오히려 호흡에 부정적인 영향을 줄 수 있다고 생각했기 때문이지요. 소위 "깊은 숨을 쉬어라." 처럼 호흡과 관련된 신체기관 일부분의 최대 가동 범위를 사용하여 최대치로 행하는, 당시의 호흡 교육에 문제를 제기한 것입니다.

> "흉곽이 자연스럽게 팽창하고 수축할 수 있는 몸의 무게중심,
> 평형(equilibrium), 이러한 몸의 상태를 만들어 줄 수 있는 효율적인
> 자세를 정신적으로 이해하고, 그 이해가 충분한 몸의 경험으로
> 체화(embodied)되어야 한다."

우리가 받는 호흡 교육도 그 좋은 의도와는 다르게 자연스러운 호흡을 방해하

기 쉽습니다. 100년 전처럼 지금도 '깊은 숨' '복식 호흡' '흉식 호흡' 등이 교육되는데요. 특정한 호흡근을 발달시키거나 특정한 활동(무술, 필라테스, 요가 등 운동별 호흡, 말하기, 노래하기 등)을 위한 각각의 호흡법은 물론 좋은 기능을 가지고 있습니다. 그러나, 특정 상황에서 의식적으로 조절하는 호흡법을 일상의 자연스러운 호흡에까지 적용시키는 것에는 문제가 있겠지요? 알렉산더 테크닉 관점에서 '호흡에 대한 의도 및 생각이 몸에 미치는 영향'을 살펴보면 아래와 같습니다.

호흡에 대한 의도 및 생각	몸에 미치는 영향 (몸통 부분을 중심으로)
'깊은 숨을 쉬겠다'는 생각 (숨을 많이 마시겠다, 숨을 끝까지 내쉬겠다는 의도)	① 목의 후두(larynx)가 과도하게 압박을 받으며 내려감(기관지 이상으로 발전할 수 있음) ② 횡격막이 과도하게 내려감 ③ 등과 허리가 과도하게 뒤로 젖혀짐(hollowing)
'흉식 호흡을 한다'는 생각	① 가슴의 윗부분이 들려져 어깨가 올라감 ② 머리가 뒤로 젖혀지고, 목에 과도한 긴장이 생기면서 목과 어깨 근육도 과긴장하기 쉬움 ③ 가슴 부분만 팽창되고, 자연스러운 숨쉬기에서 함께 팽창해야 할 등과 허리 부분은 수축됨
'복식 호흡을 한다'는 생각	복부가 과도하게 튀어나와 복강 내 압력이 잘못 배분됨

알렉산더가 말하는 흉곽의 자연스러운 팽창과 수축은 말처럼 쉬운 일이 아닙니다. 앞에서 살펴본 것과 같이 의식적으로 숨을 잘 쉬려고 조절하는 순간, 폐, 갈비뼈, 늑간근이 더 긴장하기 쉽기 때문이죠. 그래서 알렉산더 테크닉에서는 호흡을 잘하려는 방법을 찾기보다 **호흡을 방해하는 점들로부터 해방되어 숨이 무의식적으로 나아지는 방법**을 제안합니다.

이처럼 호흡 메커니즘을 통제하겠다고 생각하거나 여러 호흡 기관 중 한 영역만 집중적으로 사용하겠다고 의도하는 것은 바람직하지 못합니다. 앞서 우리의 폐는 가슴 전체에 위치하며, 가슴뿐 아니라 복부와 골반도 호흡에 따라 움직인다고 배웠습니다. 그렇기에 몸통 전체의 호흡(full torso breathing)을 이해해야만 합니다.

몸의 구조를 원상태로 회복시키기

건축물의 골조가 건물 전체의 하중을 견디듯, 우리 몸에서는 뼈대가 그 역할을 해 줍니다. 특히 척추가 뼈대 전체에서도 중심축으로서 주요한 기능을 하지요. 호흡에서 주요 기능을 담당하는 폐, 횡격막, 갈비뼈 등은 모두 몸통 부위에 위치하며, 척추를 중심으로 양쪽으로 펼쳐져 있습니다. 그리고, 척추를 중심으로 위로는 머리가, 아래로는 골반이 있지요.

알렉산더 테크닉에서는 **머리-목-몸통을 일컬어 기본적 부분**(primary part), **팔과 다리를 일컬어 이차적 부분**(secondary part)이라고 명명합니다. 인체의 모든 부분이 중요하겠으나, 기능적 관점에서 볼 때는 기본적 부분이 더 핵심적인 역할을 합니다. 이를 그림으로 살펴보면 다음과 같습니다.

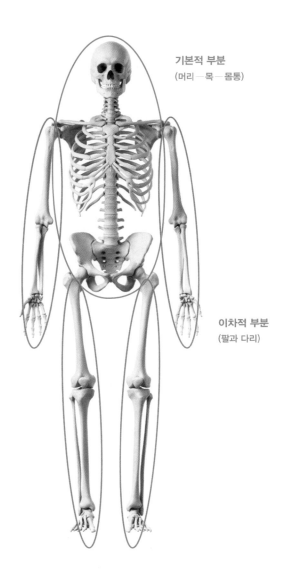

기본적 부분
(머리 — 목 — 몸통)

이차적 부분
(팔과 다리)

    중심 골조에 해당하는 '기본적 부분'이 인체의 본디 생김새대로 유지되는 것이
중요합니다. 네 발로 움직이는 다른 척추동물과 달리 직립 구조로 진화한 인간은
중심축이 압박받기 쉽습니다. 또한, 중심축이 눌리면서 수평축에 해당하는 어깨가
말릴 경우, 몸통의 공간도 수축될 수밖에 없죠. 이처럼 뼈대가 압박되고 공간이 수

축되면, 몸통 전체가 유기적인 호흡을 하는 것은 불가능해집니다.

이에 알렉산더 테크닉에서는 **'기본적 부분'을 중심으로 원래의 수직축과 수평축의 공간 회복**을 주요하게 다룹니다. 그 방법으로 세미수파인(semi-supine) 자세를 활용하고요. 앞서 알렉

> 세미수파인: 수파인(supine) 자세는 해부학적으로 등을 대고 누운 자세를 뜻하며, 거기에 절반을 의미하는 세미(semi-)를 붙여 무릎을 천장으로 향하도록 접어서 눕는 자세를 뜻합니다. 초기의 알렉산더 테크닉 레슨에서 세미수파인(semi-supine) 자세는 눕기 자세(lying position)라고만 불렸는데, 고고인류학자, 해부학자인 레이몬드 다트(Raymond Dart)가 보다 명확한 이름의 필요성을 느끼고 세미수파인이라고 명명하였습니다.

산더가 말한 **흉곽이 자연스럽게 팽창하고 수축할 수 있는 몸의 무게중심, 즉 평형을 만들어 주어 몸통 전체의 호흡을 실현하기 위한 자세**가 바로 세미수파인 자세라고 할 수 있습니다.

세미수파인 자세는 몸의 지지점이 9개(머리, 두 어깨, 두 팔꿈치, 두 골반, 두 발)로 늘어나 다리를 펴고 누운 자세보다 안정적입니다. 골반이 몸의 중심점이 되어 몸 전체가 안정적인 동시에 탄성적으로 놓이게 됩니다. 무릎이 세워져 골반이 바닥에

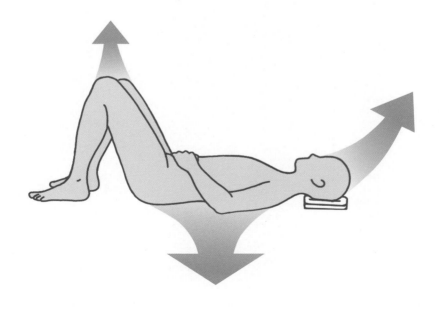

안정적으로 놓이게 되고요. 동시에 무릎이 천장을 향하면서 안정적인 골반에서 허벅지가 위로 떠오르는 탄성도 가지게 됩니다. 또한, 머리 아래에 책이나 딱딱한 베개를 받치면 머리가 지면에서 포물선 방향을 그리며 들려집니다. 그러면 무릎과 마찬가지로 골반과 반대 방향성을 가져 골반과 머리 사이 구조물인 척추에도 장력이 생기게 됩니다.

—— PRACTICE ——

세미수파인 눕기

영상 바로 가기

세미수파인 자세는 몸의 지지점이 9개로 늘어나 수파인 자세보다 안정적인 구조가 됩니다. 특히 무릎이 천장을 향해 세워진 구조로 인해 골반과 척추의 이완에 도움을 줍니다.

① 평평한 바닥에 편안하게 등을 대고 다리를 뻗어 눕습니다.

② 턱이 바닥과 수평이 되도록 머리에 얇은 책이나 베개를 받칩니다.

　　(너무 푹신한 베개는 머리를 충분히 지지해 줄 수 없으니 적당히 단단한 것이 좋습니다.)

❸ 오른쪽 무릎이 천장을 향하도록 다리를 접어 발바닥을 바닥에 놓습니다.

❹ 왼쪽 무릎이 천장을 향하도록 다리를 접어 발바닥을 바닥에 놓습니다.

⑤ 한쪽 손을 편안하게 몸통에 올려놓는데, 이때 어깨와 팔꿈치가 긴장 없이 바닥에 놓이
도록 합니다.

⑥ 반대쪽 손도 몸통에 올려놓고 9개의 지지점(머리, 두 어깨, 두 팔꿈치, 두 골반, 두 발)이 바닥
에 닿아 있는 상태를 느껴 봅니다.

─── ALEXANDER TECHNIQUE ───

더 나은 '호흡'을 위한 활동

이제 본격적으로 더 나은 숨을 위한 활동들을 만나 볼까요?

위스퍼 아(whisper ah) 호흡법은 속삭이듯이 부드러운 '아(ah)' 사운드로 숨을 뱉으면서 날숨을 조절하는 방법입니다. 성대주름이 지속적으로 사용되면서 공기가 급격히 빠져나가는 것을 막아 천천히 날숨이 이루어지게

> 위스퍼 아: 위스퍼 아는 '불필요한 긴장이 제거되어 애쓰지 않아도 자연스럽게 되어지는 숨을 속삭이듯 뱉어 본다.'는 의미에서 원래 수동태인 '위스퍼드 아(whispered ah)'로 불리었습니다. 이를 더욱 간단히 부르는 '위스퍼 아'라는 말도 함께 쓰는데, 이 책에서는 쉬운 표기를 위해 '위스퍼 아'라 명명합니다.

됩니다. 느린 날숨으로 호흡근들이 조화롭게 쓰이고, 호흡의 중추인 몸통 전체가 하나의 효율적인 협응 구조를 이루게 되어 자연스럽게 더욱 깊은 숨쉬기가 가능해집니다. 특히 턱관절에서 이완되어 내려오는 아래턱의 움직임을 통해 불필요한 얼굴 근육의 긴장을 놓을 수 있습니다.

그런데 여전히 혀나 턱의 긴장이 놓여지지 않는다면, 혀의 부드러운 움직임과 함께 호흡을 하는 **사일런트 랄랄라**(silent lalala) 호흡법을 권해 드립니다. 사일런트 랄랄라는 위스퍼 아와 유사하게 속삭이듯이 랄랄라 소리를 내면서 숨을 뱉는 방법인데요. 랄랄라 소리를 낼 때, 혀가 자연스럽게 입안에서 굴러, 혀의 긴장을 놓는 데 도움을 줍니다.

— PRACTICE —

위스퍼 아 호흡

영상 바로 가기

'위스퍼 아' 호흡으로 불필요한 긴장이 사라진 나만의 자연스러운 숨을 만나 봅니다.

① 순환 구조인 들숨과 날숨의 호흡 패턴에서 날숨을 자각하며 활동을 시작합니다. 날숨 시, 자연스럽게 아래턱이 떨어지며 자연스럽게 입이 열리도록 합니다. 이때, 손을 대고 아래턱이 열리는 것을 느껴 봅니다.

② 속삭이듯 'ah' 소리를 내며, 날숨을 지속합니다. 혀는 아랫니 뒤쪽에 떨구듯 내려놓 고 긴장도 내려놓습니다. 기분 좋은 일을 떠올리거나 행복한 상상을 하여 인스마일(in smile), 즉 내면의 미소가 지어지게 합니다.

③ 날숨이 끝나면 서둘러 숨을 마시지 말고, 천천히 턱이 다물어져서 입술이 닫히게 합니다.

④ 자연스러운 들숨과 함께 코로 천천히 공기가 들어와 몸통이 부풀어지는 것을 허용합니다.

⑤ 충분한 숨이 몸통에 채워진 것을 느끼며 처음으로 돌아가 자연스러운 날숨이 이루어지도록 합니다.

느린 날숨 호흡법인 '위스퍼 아' 호흡으로 척추, 갈비뼈, 횡격막 등이 더욱 효율적인 협응 구조로 움직이며 몸통의 길어짐과 넓어짐을 경험할 수 있습니다. 또한 자연스럽고 깊은 숨쉬기가 가능해지며, 부자연스럽게 호흡하던 기존의 호흡 패턴을 스스로 인식하게 됩니다. 잠이 안 오거나 긴장될 때마다, 창문에 김을 서리게 하는 느낌으로 부드러운 날숨을 내뱉어 주세요.

━━━━━━━ **PRACTICE** ━━━━━━━

사일런트 랄랄라 호흡

영상 바로 가기

위스퍼 아의 변형 동작인 '사일런트 랄랄라'는 날숨 시, 속삭이듯 랄랄라를 하며 혀가 부드럽게 입안에서 구르게 합니다. 이를 통해 불필요한 턱과 혀의 긴장을 풀어 줄 수 있습니다.

❶ 순환 구조인 들숨과 날숨의 호흡 패턴에서 날숨을 자각하며 활동을 시작합니다. 날숨시, 아래턱이 떨어지며 자연스럽게 입이 열리도록 합니다.

❷ 속삭이듯 랄랄라 소리를 내며 날숨을 지속합니다. 이때, 혀가 자연스럽게 입안을 구르게 합니다.

❸ 날숨이 끝나면 서둘러 숨을 마시지 말고, 천천히 턱이 다물어져 입술이 닫히게 합니다. 코로 천천히 공기가 들어와 몸통이 부풀어지는 것을 허용합니다.

— PRACTICE —

의자를 활용한 세미수파인 자세

영상 바로 가기

세미수파인 자세를 하면서 무릎을 세우기가 어렵지는 않았나요? 허벅지 대퇴근의 긴장이 많거나 고관절의 가동범위에 제한이 있는 경우, 또 장요근이 과도하게 수축한 경우에는 무릎을 세운 자세가 불편할 수 있습니다. 그런 분들을 위한 세미수파인 자세 변형 동작을 알아봅니다.

1 다리를 올릴 의자를 준비합니다. (체구가 작은 분은 등받이 없는 의자 한 개, 체구가 큰 분은 등받이 없는 의자 두 개나 벤치의자가 적당합니다.) 평평한 바닥에 편안하게 등을 대고 다리를 뻗어 눕습니다.

2 턱이 바닥과 수평이 되도록 머리에 얇은 책이나 베개를 받칩니다. (너무 푹신한 베개는 머리를 충분히 지지해 줄 수 없으니 적당히 단단한 것이 좋습니다.)

3 오른쪽 다리부터 무릎을 접어 의자 바닥에 종아리와 뒤꿈치가 놓이게 합니다. 이때, 고관절 90도, 무릎 90도의 각도가 되도록 의자에 가깝게 눕습니다. (뒤꿈치가 의자에 닿지 않고 공중에 떠 있다면, 담요나 편편한 쿠션을 받쳐 줍니다.)

4 왼쪽 다리도 무릎을 접어 의자 바닥에 종아리와 뒤꿈치가 놓이게 합니다. 마찬가지로 고관절 90도, 무릎 90도의 각도가 되도록 합니다.

⑤ 양손을 편안하게 몸통에 올려놓는데, 이때 어깨와 팔꿈치가 바닥에 긴장 없이 놓이도록 합니다.

⑥ 편안하게 '위스퍼 아' 호흡을 실시합니다.

평소 발목, 아킬레스건을 비롯한 발의 긴장도가 높고, 발목을 굽히고 펴는 동작이 어려운 사람은 벽에 발을 대는 세미수파인 변형 자세로 척추뿐 아니라 골반–다리–발목–발의 이완도 꾀할 수 있습니다.

— PRACTICE —

벽을 활용한 세미수파인 자세

영상 바로 가기

세미수파인이 불편한 분들을 위한 또 다른 세미수파인 변형 자세입니다. 알렉산더 테크닉에서는 불편한 자세, 어려운 자세, 통증이 느껴지는 자세를 참으면서 억지로 하는 것을 권하지 않습니다. 몸의 구조와 기능을 고려하여 나에게 적합한 대안 활동을 찾아보세요.

① 벽에 발바닥 전체가 닿을 수 있게 눕습니다. 고관절 90도, 무릎 90도의 각도가 되도록 벽에 가까이 눕습니다.

② 턱이 바닥과 수평이 되도록 머리에 얇은 책이나 베개를 받칩니다. (너무 푹신한 베개는 머리를 충분히 받치지 못하니 적당히 단단한 것이 좋습니다.)

③ 오른쪽 다리의 무릎을 천천히 폅니다. 뒤꿈치가 벽에 닿을 때까지 천천히 발이 벽을 따라 미끄러지듯 뻗어지는 것을 느껴 봅니다. 이때, 오른쪽 발목은 적당히 굽혀진 상태로 아킬레스건이 충분히 이완되도록 합니다.

④ 왼쪽 발도 벽을 따라 미끄러지듯 뻗어져서 뒤꿈치가 벽에 닿도록 합니다. 이때, 왼쪽 발목은 적당히 굽혀진 상태로 아킬레스건이 충분히 이완되도록 합니다.

⑤ 양손을 편안하게 몸통에 올려놓는데, 어깨와 팔꿈치가 바닥에 긴장 없이 놓이도록 합니다.

⑥ 편안하게 '위스퍼 아' 호흡을 실시합니다.

CHAPTER 2 　　　　　**감각**

"감각이 차단되면 마음은 더 이상 존재할 수 없다."

— 안토니오 다마지오(Antonio Damasio)

"효과적인 학습은 반드시 실제의 직접적인 경험에 기초해야 한다."

— 존 듀이

— ALEXANDER TECHNIQUE —

오감과는 다른 '내부 감각'이 있다고?

앞서 살펴본 숨이 우리에게 필요한 에너지를 만드는 필수 요소라고 한다면, 변화하는 환경에 적응하고 살아가는 데 있어 꼭 필요한 요소는 감각입니다. 우리는 매 순간 다양한 감각 정보를 받아들이며 살아갑니다. 눈으로 시각 정보가 들어오고, 귀로 청각 정보가 들어오며, 코로 후각 정보를 받아들이고, 혀로 미각 정보를 느끼고, 피부로 촉각 정보를 얻습니다.

영상 바로 가기

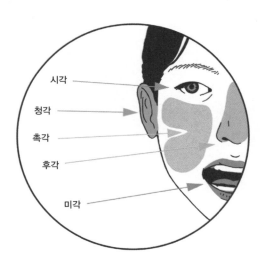

시각
청각
촉각
후각
미각

이 다섯 가지 감각이 바로 오감입니다. 우리 몸에 있는 감각수용기를 통해 받아들이는 정보들인데요. 이러한 감각 정보를 얻기 위해 우리의 감각 기관들은 모두 외부를 향해 있습니다. 덕분에 사물과 풍경의 이미지, 소리, 냄새, 맛, 피부에 닿는 감촉까지 느낄 수 있죠.

선택적 주의

감각을 이해할 때, 감각보다 더 중요한 것이 있습니다. 바로 그 감각을 인지하는 작업입니다. 우리는 매 순간 외부의 감각 정보를 섬세하게 받아들이고 있습니다. 감각 기관을 통해 끊임없이 감각 정보들이 들어오고 있기 때문에 우리가 수용해야 할 감각 정보들의 양은 무수히 많습니다. 그렇다면 그 많은 감각 정보들을 우리는 어떻게 다 수용할 수 있는 걸까요?

무수히 많은 감각 정보를 다 받아들인다면 과부하 상태가 될 것이기에, 우리는 선택적으로 주의(selective attention)를 기울여 필요한 정보만 받아들입니다. 즉 나에게 의미 있는 정보만을 취해서 받아들이는 것이죠. 나에게 의미 있는 감각 정보는 지각(perception)되어 뇌로 전달되고, 의미가 해석됩니다. 그렇게 감각 정보들이 통합되는 과정을 거쳐 우리는 사유하고 행동합니다. 감각 기관을 통해 시각, 청각, 촉각 등의 감각이 뇌에 전달되고 입력되면, 감각 정보와 기억 정보를 토대로 해석과 의사결정이 이루어지고, 실제 움직임으로 이어지죠. 예를 들어 빵이 눈앞에 있다면, 시각으로 들어온 빵의 이미지와 후각으로 들어온 빵냄새가 유의미한 감각 정보로 지각되겠죠. 그리고 인식한 빵을 '먹고 싶다'고 해석하여 실제 빵을 먹는 행동으로 연결될 겁니다.

이처럼 감각은 행동과도 관련이 깊습니다. 때문에 내가 어떻게 감각을 받아들이고 움직임 과정으로 이어지는지 알면 보다 자유롭게 더 나은 움직임으로 향할 수 있습니다.

외부 감각과 내부 감각

인간의 오감 중에서 보편적으로 가장 많이 사용하는 감각 정보는 시각입니다. 보통 우리가 받아들이는 감각 정보 중 시각 정보가 70~75%를 차지한다고 알려져 있는데요. 옆도 뒤도 느낄 새 없이 목적지만 바라보며 성취지향적으로 살아가는 현대인들은 시각 정보에 더 많이 의존합니다. 특히 스마트폰과 컴퓨터를 일상적으로 사용하고, 코로나 시대의 비대면 상황으로 모니터로 세상과 관계 맺는 요즘 우리들은 시각에 함몰당하기 더 쉽다고 할 수 있습니다.

시각의 과사용은 머리와 목의 긴장과 경직을 불러올 뿐 아니라, 다른 감각들을 무디게 만드는데요. 이를 막기 위해 다른 감각들도 깨우고 알아차리는 것이 중요합니다. 그래서 때론 사무실 컴퓨터 앞을 벗어나 야외에서 새소리도 듣고, 바람 냄새도 맡고, 흙도 밟아 볼 것을 권하지요. 그런데 이들 오감 외에도 새롭게 깨워야 하는 감각들이 있습니다. 바로 **내부 감각**입니다.

'내부 감각'이라는 말이 생소한가요? 내부 감각은 말 그대로 몸의 내부로부터 받는 감각 정보를 일컫는데요. 인류가 내부 감각을 발견한 것은 그리 오래되지 않았습니다. 1906년, 영국의 신경생리학자인 찰스 셰링턴(Charles Sherrington)은 우리가 보통 감각이라 일컫는 오감(시각, 청각, 후각, 미각, 촉각)을 외수용 감각으로 구분하며 내부 감각을 존재를 알렸습니다. 내부 감각은 다시 **근육, 힘줄, 관절 등에서 오는 정보를 받는 고유 수용 감각과 장기 등으로부터 정보를 받는 내수용 감각**으로 구분됩니다.

신경학자 안토니오 다마지오는 존재가 스스로의 앎을 만들어 가는 데 있어 느낌 또한 해부학적·기능적 시스템들과 맞물리며 중요한 역할을 한다고 주장합니다. **느낌은 몸 내부 기관들의 기능적 조절을 위한 활동**으로서 스스로의 몸 상태를 마음속에서 표상해 주기 때문이죠. 나아가 그는 공포나 분노, 역겨움 등의 감정과 함께 나타나는 방어적 태도, 협력이나 갈등과 같은 사회적 조정 행동, 갈증과 배

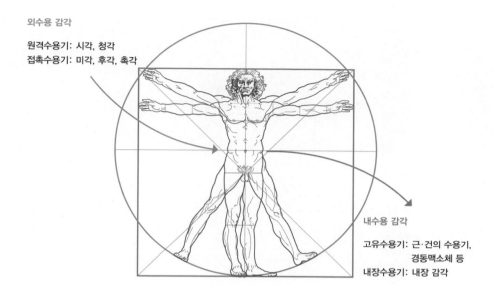

외수용 감각

원격수용기: 시각, 청각
접촉수용기: 미각, 후각, 촉각

내수용 감각

고유수용기: 근·건의 수용기,
경동맥소체 등
내장수용기: 내장 감각

고품을 느끼고 기쁨이나 행복감을 표현하는 것 등이 모두 느낌에 의한 것이라고 설명합니다. (안토니오 다마지오, 『느끼고 아는 존재』)

　이처럼 느낌은 효율적으로 생명을 영위해 가기 위한 기본요소이자, 나아가 자아 생성의 중요한 역할로 기능합니다. 이는 **감각 정보에 기초해 생성되는 신체 지도와 이미지**와도 연관성이 깊은데요. 우리 마음속 이미지들의 대부분은 외부 세계의 지각만으로 생성되는 것이 아니라, **외부 세계에 대한 지각과 내부 감각의 인식을 혼합하여 생성되기 때문입니다.** 이에 자신에 대한 앎을 만들어 가는 데 있어서는 오감보다 내부 감각이 더 중요하다고 볼 수도 있겠습니다.

ALEXANDER TECHNIQUE

'고유 수용 감각' 이해하기

알렉산더 테크닉에서는 내부 감각 중 장기 등의 상태를 감지하는 내수용 감각보다는 근육, 관절 등에서 오는 고유 수용 감각을 더 주요한 내부 감각으로 다룹니다. 고유 수용 감각에서 대해 더 자세히 알아볼까요?

영상 바로 가기

고유 수용 감각은 근육, 관절, 인대 등에 존재하며, 이러한 내부 기관으로부터 나의 위치, 자세, 균형 정보를 뇌에 보낸다고 알려져 있습니다. 가령 보지 않아도 나의 팔이 어디쯤 있는지 아는 것, 좁은 다리 위에서도 균형을 잡으며 걸을 수 있는 것 등이 모두 고유 수용 감각이 있기에 가능한데요. 보통 '운동신경이 좋다.'는 표현을 쓸 때, 그런 사람들은 고유 수용 감각이 섬세하고 정교하게 발달되어 있다고 볼 수 있습니다. 반면 고유 수용 감각 능력이 떨어지면 쉽게 균형을 잃어 다칠 수 있고, 불균형한 자세를 인지하지 못할 수 있으며, 이 때문에 쉽게 피로해질 수 있겠지요.

나의 고유 수용 감각은 얼마나 정교할까요? 활동을 통해 알아보겠습니다.

──── **PRACTICE** ────

감각 인식 오류 찾기

영상 바로 가기

두 개의 손가락을 만나게 하는 활동은 시각과 몸감각을 함께 활용한 작업입니다. 시각이 없는 상태에서 동작을 해 보면 나의 고유 수용 감각이 얼마나 섬세한지 알 수 있습니다.

① 양손의 검지손가락을 어깨너비보다 넓게 벌린 상태에서 손가락끼리 마주보게 합니다.

② 눈을 감고 천천히 두 검지손가락이 몸의 중앙에서 만나도록 합니다.

③ 눈을 감고 왼손의 검지손가락을 마치 뿔처럼 머리 위에 세웁니다.

④ 오른손 약지손가락으로 뿔처럼 세워진 왼손 검지손가락을 찾아 만나게 합니다.

눈을 뜬 상태에서 쉽게 할 수 있는 동작을 눈을 감고 해 보면, 두 손이 살짝 어긋나는 경우가 많습니다. 시각과 몸감각을 통합적으로 사용하다가 시각이 사라지면, 손가락 만나기 같은 단순 활동도 정밀도가 떨어지기 때문입니다.

ALEXANDER TECHNIQUE

바디 스캐닝, 내 몸을 그대로 인식하라

감각 인식 오류

앞선 활동으로 알 수 있듯이 우리의 고유 수용 감각은 어느 정도 작동은 하나 정교함이 많이 떨어진 상태입니다. 이렇게 제대로 기능하지 못하는 감각 인식 상태를 알렉산더 테크닉에서는 **감각 인식 오류**(faulty sensory appreciation)라고 부릅니다. 일반적으로 서 있거나 걸을 때 몸이 한쪽으로 기울어져 불균형 상태에 있는데도, 스스로는 중심이 맞는 균형 상태라고 착각하

실제 걷는 모습과 상상 속 모습

는 것을 예로 들 수 있지요.

실제 걷기 형태는 감각 인식 오류로 인해 균형이 깨진 상태인데, 스스로는 똑바로 걷고 있다고 인식한다면 어떻게 될까요? 구조적으로 몸에 압박을 주는 좋지 않은 걷기를 올바른 걷기라고 잘못 생각해 계속 잘못된 걷기를 하게 될 겁니다. '잘못된 사용'의 걷기가 패턴화되어 습관으로 고착화된다면 걸을 때의 고유 수용 감각, 즉 발이 바닥에 닿는 면적, 압력, 머리의 위치, 머리가 몸통을 누르는 정도 등이 '올바른 몸감각 정보'로 오인되어, 두뇌 수준에서 하나의 자동화된 프로그램으로 점차 표상(representation) 되어집니다. 이러한 고착화는 나에게 올바른 느낌으로 해석되어, 점점 더 감각의 오류에 빠져들어 반복하게 만듭니다.

잘못된 걷기를 통한 감각 인식 오류의 이해

알렉산더 테크닉에서는 현대인에게 거북목과 요통이 만성질환이 된 이유를 감각 인식 오류로 바라봅니다. 위에서 설명한 것처럼 나에게 익숙한 자세와 움직임은 '맞다' 혹은 '좋다'의 느낌을 줄 수 있고, 그러한 느낌에 의지한 판단은 멈출 필요가 있다는 거지요. 대신 스스로 감각을 더 정확하게 인식할 수 있게 될 때까지, 먼저 몸 구조가 가지는 객관적 요소들을 이해해야 합니다. 그리고 그 객관적 요소가 효율적으로 사용되는 상태를 몸감각적으로 자각해 보는 반복적 경험이 필요합니다.

그라운딩

앞서 호흡 챕터에서 소개해 드린 세미
수파인 자세는 다리를 펴고 누운 수파인
자세보다 그라운딩(grounding)이 늘어나 몸
구조의 탄성을 높이는 이점을 가졌습니
다. 그렇다고 세미수파인 자세만 고집할
필요는 없는데요. 등을 대고 팔, 다리를 모
두 바닥에 늘어뜨려 가능한 몸의 많은 부

> 그라운딩: '접지'를 의미합니다. 지구라는 중력장
> 의 환경에서 사는 우리는 반드시 신체의 한 부분
> 이상이 지면에 접지됩니다. 가령 서 있을 때는 두
> 발, 앉아 있을 때는 엉덩이와 두 발이 그라운딩 되
> 는데요. 물리적으로 그라운딩이 되는 몸의 부분이
> 가장 많은 자세는 눕기입니다. 더 상세한 그라운
> 딩의 의미는 걷기 챕터에서 살펴보겠습니다.

분이 바닥에 닿는 수파인 자세도 이점이 있기 때문입니다.

대표적 직립 자세인 '서기'와 비교해, 중력과 수평 관계를 가지는 '눕기'는 움직
임 조절이 훨씬 용이해진다는 장점이 있습니다. 중력에 맞닿은 부분이 더 많아서
몸의 안정성을 높여 주고 이에 따라 에너지 소모도 줄여 줍니다. 또한 서기, 앉기,
걷기와 같은 자세는 균형을 유지하기 위해 고유 수용 감각의 피드백을 더 많이 활
용하는 반면, 눕기는 신경계 활동이 줄어 내부 감각과 신경계의 안정화를 가져옵
니다. 마지막으로, 서기와 앉기를 할 때 균형을 잡으려고 불필요한 근육의 긴장을
사용하거나 비효율적인 보상 협응패턴의 동작이 몸에 밴 사람은 '눕기'를 하여 그
습관에서 벗어날 수 있습니다.

수파인 자세에서 바디 스캐닝(body scanning) 활동을 시작해 봅시다. **바디 스캐
닝은 내 몸의 있는 그대로를 현재의 감각을 통해 인식하는 작업**을 뜻합니다. 지금
숨을 쉬고 있는 것, 숨과 함께 갈비뼈가 움직이고 있는 것, 혹은 바닥에 내려진 발
의 무게를 인식하는 것이 모두 바디 스캐닝에 포함됩니다. 불균형이나 불필요한
긴장이 스캐닝 되었을 때, 의지적으로 그것을 교정하려는 마음이 들기 쉬운데, 바
디 스캐닝을 할 때에는 '고친다' '수정한다'는 생각을 갖지 말고, '알아본다' '관찰
한다'라고 생각하면 좋습니다.

— PRACTICE —

바디 스캐닝

영상 바로 가기

나의 몸 감각은 얼마나 정확할까요? 수파인 자세에서 바닥으로부터 받는 정보를 느껴 보고, 더 나아가 몸 내부의 감각까지 함께 느껴 봅니다.

① 평평한 바닥에 등을 대고 다리를 뻗어 눕습니다. 팔은 몸통 옆에 늘어뜨려 놓습니다.

② 내부 감각을 보다 잘 느끼기 위해서 심상 이미지를 활용해 봅니다. 가령, 몸 전체를 바닥에 잘 그라운딩 할 수 있도록 부드러운 모래에 누웠다고 상상해 볼 수 있겠지요. 모래에 나의 전체 무게가 잘 내려졌다고 생각하고, 실제로 바닥에 접촉된 부분 중 무게가 잘 내려진 부분을 찾아봅니다.

③ 그라운딩 정도를 각 부분들이 닿은 면적, 압력(바닥을 누르는 세기), 몸의 기울기 등 다양한 정보로부터 알아봅니다. 등을 대고 누웠을 때는 뒤통수, 등, 엉덩이, 허벅지, 종아리, 뒤꿈치가 바닥에 닿습니다. 이제 더욱 상세하게 이 부위들이 바닥에 내려진 정도를 비교해 봅니다.

④ 누웠을 때 목, 허리, 무릎 뒤편, 발목 뒤편은 바닥에 닿아 있지 않습니다. 이 부위들이 바닥에서 얼마만큼 떨어져 있는지, 그 깊이를 시각이 아닌 고유 수용 감각을 통해 가늠해 봅니다.

⑤ 날숨과 들숨이 반복되면서 바닥에 접촉된 부분이 더 바닥을 누르는 감각을 느낄 수 있고, 반대로 바닥을 덜 누르거나 살짝 들리는 감각을 느낄 수 있습니다 숨의 변화 안에서 접촉된 부분의 면적, 압력의 변화 등을 함께 느껴 봅니다.

⑥ 앞서 살펴본 '기본적 부분'과 '이차적 부분'으로 나누어 몸을 인식해 봅니다. 우선 기본적 부분에 인식을 가져갑니다. 우리 몸의 기본 골조를 이루는 머리 – 척추 – 골반을 떠올립니다. 머리와 골반을 연결해 주는 중심축인 척추에 주의를 집중해 봅니다.

⑦ 척추의 길이를 가늠해 볼 수 있나요? 대략의 짐작으로 척추의 길이를 가늠합니다. 척추의 길이를 더욱 섬세히 감각하기 위해서 척추의 시작점인 척추 1번의 위치를 가늠해 봅니다. 그리고 척추의 끝점인 꼬리뼈를 가늠해 봅니다. 이제 척추의 시작점과 끝점 사이의 거리를 재어 보는 방식으로 척추의 길이를 느껴 봅니다.

⑧ 이제 이차적 부분으로 인식을 가져가 봅니다. 오른다리와 왼다리의 길이를 비교해 봅니다. 어느 쪽이 더 길게 느껴지나요? 어느 쪽이 더 무겁게 혹은 가볍게 느껴지나요?

⑨ 다리의 길이를 보다 섬세히 감각하기 위해서 다리의 시작점인 고관절을 느껴 봅니다. 그리고 다리의 끝점인 뒤꿈치를 느껴 봅니다. 이제 고관절과 뒤꿈치 사이의 거리를 재어 보는 방식으로 다리의 길이를 가늠해 봅니다. 두 다리 모두 길이를 느껴 봅니다.

⑩ 이제 이차적 부분 중 팔에 주의를 가져갑니다. 오른팔과 왼팔의 길이를 비교해 봅니다. 어느 쪽이 더 길게 느껴지나요? 어느 쪽이 더 무겁게 혹은 가볍게 느껴지나요?

⑪ 팔의 길이를 보다 섬세히 감각하기 위해서 팔의 시작점인 견갑대 중 앞쪽 쇄골을 느껴 봅니다. 쇄골 시작점과 손끝의 위치를 가늠해 봅니다. 견갑대와 손끝 사이의 거리를 재어 보는 방식으로 팔의 길이를 느껴 봅니다. 두 팔 모두 길이를 느껴 봅니다.

—— ALEXANDER TECHNIQUE ——

'고유 수용 감각'을 깨우는 활동

실제 바닥에 접촉되고 있는 감각에 집중하자

스캐닝 작업을 처음 한다면 내부 감각을 받아들이는 작업이 어려울 수도 있습니다. 이럴 때는 실제로 바닥과 접촉하고 있는 부분에서 느껴지는 감각들을 그대로 받아들이는 것으로부터 스캐닝 작업을 시작해 볼 수 있습니다. 앞서 말한 것처럼 시시각각 몸의 위치 관계, 균형 정보 등이 변하는 직립 상태보다 수파인 자세에서 보다 안정적으로 고유 수용 감각을 느낄 수 있습니다. 이에 바닥에 접촉된 부분과 그렇지 않은 부분을 감지하고, 몸 내부의 근육, 관절, 인대 등의 압력, 면적 등의 정보를 전체적으로 알아보는 작업은 내부 감각을 느끼기 어려운 분들에게도 추천드릴 수 있는 활동입니다.

몸의 내부 정보를 비교해 보자

바닥과 접촉된 부분에 집중하는 바디 스캐닝이 어느 정도 익숙해졌다면, 내부 감각을 더욱 섬세하게 관찰할 수 있습니다. 앞서 인간의 감각-지각-인지-동작 시스템을 살펴보면서 감각 정보 중 의미 있는 정보만 선택적 주의를 통해 지각한다고 이야기 드린 바 있습니다. 그리고 뒤이은 활동에서는 척추, 그리고 팔과 다리의 길이와 무게를 느껴 보았는데요. 아마 다리를 전체적으로 지각했을 때는 두 다리의 길이나 무게 차이를 못 느꼈을 가능성이 큽니다. 그러다가 '두 다리 중 어느 다리가 더 긴가요? 두 다리 중 어느 다리가 더 무겁나요?'라는 질문을 듣고 두 다리 사이의 미세한 차이가 자각되었을 겁니다. 즉 내부 감각을 인식하는 것이 낯선 분에게는 의미 없던 정보가 내부 감각을 인식하는 작업을 통해 의미 있는 정보로 다가갈 수 있습니다. 이러한 경험이 쌓이면 차차 눕기 자세뿐 아니라 직립의 자세와 움직임에서도 내부 감각을 자각하기 쉬워질 것입니다.

내부 감각을 느끼려면 눈을 감아야 할까요?

바디 스캐닝 활동을 할 때 눈을 감고 했을까요, 아니면 뜨고 했을까요? 아마 대부분 사람들이 내부 감각을 잘 느끼기 위해서 눈을 감았을 겁니다. 강력한 외부 감각 정보원인 시각이 켜 있는 상태에서 내부 감각을 느끼기란 쉬운 일이 아니기 때문입니다. 바디 스캐닝 작업을 처음 할 때, 눈을 감는 것은 좋은 전략일 수 있습니다.

그런데, 나의 내부 감각을 인식하기 위해서 반드시 눈을 감아야 할까요?

신체 각성이 높고 몸의 긴장도가 많은 경우, 눈을 뜬 상태에서 내부 감각을 섬세히 느끼기란 분명히 어려운 일입니다. 하지만 점차 눈을 뜬 상태에서도 내부 감각을 인식하는 것이 필요합니다. 일상의 많은 부분을 차지하는 '일하는 모드'에서도, 즉 각성 상태에서도 내부 감각을 느끼는 것이 필요하기 때문인데요. 투쟁-도피 반응(fight or flight response) 이해를 통해서 보다 섬세한 감각 사용 전략을 배워 봅시다.

투쟁—도피 반응을 통해 이해하는 감각 사용 전략

투쟁-도피 반응은 아주 먼 원시 시대에도 존재했던 인간의 생존 전략 중 하나입니다. 호랑이가 쫓아온다면 맞서 싸우거나 도망가는 방법 중 하나를 택하며 원시인은 생존해 왔습니다. 호랑이와 맞닥뜨린 것과 같은 위험 상황에서 인간의 시스템은 빨간 불이 들어온 '경계 상태'가 됩니다. 심장 박동은 빨라지고, 동공은 커져서 시각 활성화는 높고, 배변 활동은 억제된 상태로요. 이처럼 각성이 높아진 경계 상태에 걸맞는 신체 및 생리 시스템 덕분에 원시인은 호랑이에게 잡아 먹히지 않고 삶을 지속할 수 있었죠.

한편, 원시인은 호랑이가 사라지고 나면 경계 태세를 풀고 '안정 상태'로 금세 돌아갔습니다. 심장 속도는 느려지고, 시각은 안정화되며, 위장 활동이 활발해지는 이완 상태로요. 인간은 이렇듯 **생존을 위해 환경-맥락적으로 생체 시스템을 동기화**시키며 삶을 살아 나갔습니다.

경계 상태에서는 외부 정보를 기민하게 받아들어야 하니 외부 감각, 특히 시각의 의존도가 높을 수밖에 없습니다. 반대로 경계해야 할 것들이 사라지면 기민하게 반응해야 할 대상이 사라졌으니 시각의 활성화도 낮아지죠. 그렇게 외부 감각 정보뿐 아니라 내부 감각 정보도 섬세히 가늠할 수 있는 상태가 됩니다. 즉 눈을 감지 않아도 환경의 변화를 잘 감지하고 **상황에 맞게 감각 시스템의 사용을 전환할 수 있는 능력**이 있었던 것이죠.

그런데 인구 밀도가 높은 도시에서 공간적 압박뿐 아니라 시간의 압박을 지속적으로 받는 현대인들의 삶은 어떨까요? 깨어 있는 시간 내내 호랑이를 대면하고 있는 상태가 아닐런지요. 게다가 일상적 삶에 침투한 핸드폰을 비롯한 컴퓨터 기기들은 온라인 세상으로 나를 잡아끌며 시각의 의존도를 더욱 높입니다. 이러한 각성이 높은 투쟁-도피 반응의 모드가 지속된다면, 실제로 빨간 불을 켜야 하는 '경계 상태'와 빨간 불이 꺼지고 초록 불 상태로 돌아간 '안정 상태'의 구분이 모호해지며 자율신경계의 균형이 깨지게 됩니다. 여러 연구들은 지속적인 투쟁-도피 반응의 결과로 코르티솔, 노르에피네프린, 도파민과 같은 신경화학물질이 분비될 뿐 아니라 목과 머리를 경직시키는 반사 행동이 유발된다고 말하고 있습니다. (Arnsten, A. F. T, 「Stress weakens prefrontal networks」, McCarty R. 「The fight-or-flight response」)

이에 '경계 상태'와 '안정 상태'를 일상 생활 안에서 구분짓는 연습이 필요합니다. **일상에서 시각의 의존도를 낮추고, 내부 감각을 자각하는 것이 출발점**이 될 수 있는데요. 나의 숨을 인식하고, 나아가 바닥과 접지하고 있는 부분의 압력을 감각하며, 각 부분들의 길이, 너비, 부피 등을 비교해 봄으로써 '경계 상태'의 몸은 차차 '안정 상태'로 돌아갈 수 있습니다.

알렉산더 테크닉에서는 눈을 뜬 상태에서 레슨을 받고 활동을 할 것을 권합니다. 각성된 몸을 그저 이완시키는 데에 목적이 있는 것이 아니라, 경계를 풀 수 있는 환경에서는 적절하게 몸이 휴식하며, 반대로 긴장이 필요한 환경에서는 효율적으로 적당한 각성 상태로 빠르게 돌입할 수 있게 하기 위함입니다. 그러므로 **알렉산더 테크닉의 지향점은 '이완'이 아니라 '전환'**으로 이해해 볼 수 있습니다.

이어지는 다음 활동은 시각을 켜고 하는 바디 스캐닝 작업으로, 눈을 뜬 상태에서도 느낄 수 있는 내부 감각을 만나 보겠습니다.

PRACTICE

시각을 활용한 바디 스캐닝

영상 바로 가기

눈을 뜬 상태에서도 외부 감각에 주의가 쏠리지 않고, 잘 이완하는 방법이 있을까요? 눈을 뜨고도 내부 감각을 느껴 보면서 새로운 이완의 출발점을 찾아봅니다.

① 평평한 바닥에 등을 대고 무릎을 접어 세미수파인 자세로 눕습니다. 팔은 몸통에 올려 놓고, 눈을 감은 상태에서 9개의 접지점과 함께 바닥에 닿은 몸을 감각합니다.

② 천천히 눈을 떠 봅니다. 눈을 뜬 상태에서 바닥에 닿여진 몸을 감각합니다. 이때, 한 부분을 너무 뚫어지게 응시하지 말고, 열린 시야로 보이는 것들을 다양하게 받아들여 봅니다.

③ 보는 것을 실제로 처리하는 두뇌의 기관은 시각 피질로 뒤통수 부분에 해당합니다. 이에 '눈동자로 천장을 본다.'라는 생각을 '뒤통수(후두)로부터 천장을 본다.'로 전환하여 천장을 바라봅니다. 이런 생각은 고정되었던 눈의 긴장을 놓게 하여 눈에 불필요한 힘을 빼는 데 도움을 줍니다.

④ 부드럽게 가라앉은 눈의 느낌과 함께, 두 눈이 아주 조금 오른쪽을 바라보게 합니다. 두 눈이 오른쪽으로 이동한 만큼 뒤통수가 오른쪽으로 구르게 합니다.

⑤ 계속해서 조금 더 두 눈이 오른쪽을 바라보게 하고, 역시 눈이 이동한 만큼 뒤통수가 오른쪽으로 구르게 합니다. 이 움직임을 반복하며 눈과 고개가 편한 만큼 오른쪽으로 돌아가게 합니다.

⑥ 오른쪽을 향한 두 눈이 왼쪽으로 부드럽게 이어지는 선을 그리며 중앙 위치까지 돌아 오게 합니다. 이때, 머리는 역시 눈 움직임을 따라 왼쪽으로 부드럽게 구르게 합니다.

⑦ 왼쪽도 똑같이 진행합니다.

'후두로 본다.'고 생각했을 때 변화가 있었나요? 실제로 인간의 시각 초점은 초점시(focal vision)와 환경시(ambient vision)로 구분됩니다.

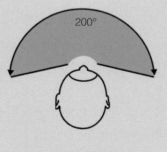

시각의 수평 범위

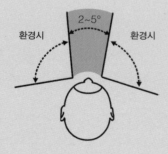

초점시와 환경시

초점시는 약 2~5도의 좁은 영역에서 제공되는 정보를 받아들입니다. 시각적 정밀성이 뛰어나기 때문에 주로 시야 중심에 위치한 물체를 확인하는 역할을 합니다. 환경시는 흔히 말하는 '시야'와 관련된 것으로, 초점시 영역 밖에서 제시되는 정보를 처리합니다. 약 200도의 넓은 범위의 정보를 받아들여 주변 공간을 탐지하는 데 중요한 역할을 합니다.

(김선진, 『운동학습과 제어』)

긴장했을 때는 눈을 초점시 위주로 사용하기 쉬운데요. '눈으로 본다.'는 생각을 '후두로 본다.'고 전환하여 초점시 위주인 상태에서 환경시도 함께 활용해 볼 수 있습니다.

PART 2

자세의 기술

이완의 기술에 이어 이번에 살펴볼 내용은 자세의 기술입니다.

인간의 행동은 자세와 움직임으로 구분해 볼 수 있습니다. 자세란 앉기, 서기와 같이 신체가 일정한 형태를 취하고 있는 것으로, 해당 상태가 지속된다는 특성이 있습니다. 반면, 시간의 흐름에 따른 위치의 변화가 있다면 움직임이라고 합니다. 목적을 가지는 행동에 기반한 의식적인 동작으로, 자세와 달리 몸의 상태가 변화한다는 특성이 있지요. (보다 상세한 자세와 움직임에 대한 내용은 'PART 3 움직임의 기술'에서 살펴봅니다.) 자세와 움직임은 인간의 발달 과정에서도 찾아볼 수 있습니다. 인간 발달의 관점에서 살펴보면 앉기, 서기 등의 자세 유지가 온전히 가능하게 된 후, 무게 이동을 하며 움직이는 기기와 걷기가 이루어집니다. 즉, 자세는 움직임에 선행하는 기본 활동인 셈입니다. 자세의 기술 파트에서는 가장 대표적인 일상생활 자세인 걷기와 의자에 앉기를 다루어 봅니다.

CHAPTER 3   서기

"인간의 몸은 예술작품일 뿐만 아니라 공학기술의 경이로움이다."

— 레오나르도 다 빈치(Leonardo da Vinci)

"늘 고정된 자세를 취하는 사람은 성장하지 못한다.
 알렉산더 테크닉을 배우고 균형 상태를 경험한 사람은
 일주일 전의 바른 자세와 오늘의 바른 자세가 같을 수 없다."

— F.M. 알렉산더

바르게 선 자세란 무엇일까?

어린아이가 무수히 넘어지는 경험을 딛고 두 발로 굳건히 서는 순
간, 우리는 환호의 박수를 보내지요. 인간이 두 발로 설 수 있다는 건
정말 대단한 일인데요. 한 개인의 발달의 역사에서뿐 아니라 기나긴 진
화의 역사에서 볼 때도 직립은 매우 큰 사건입니다.

영상 바로 가기

우리는 의식하지 않고도 쉽게 서 있지만, 바로 선다는 건 그리 단순한 일이 아
닙니다. 역학적 관점으로 봤을 때도 직립은 불안정한 구조이기 때문에 머리부터
발까지 전신의 균형 유지가 중요합니다. 우선, 주요 구조물인 머리와 발, 그리고
그 사이를 연결해 주고 있는 척추와 골반이 안정적인 지지대 역할을 해 주어야 합
니다. 또한 머리와 목, 골반과 다리, 다리와 발목, 발목과 발 사이의 협응도 필요합
니다.

그렇다면 바르게 선 자세는 어떤 자세일까요?

"허리를 꼿꼿이 세우고, 머리를 위로 잡아당기며, 무릎을 쫙 펴고 서라." 소위
바른 서기라고 인식되는 이 안내에는 다시 살펴봐야 할 부분이 많습니다. 바른 서
기란 우리 몸에 본래부터 있었던 자연스러운 정렬 흐름의 균형을 왜곡하지 않고,
신체 각 부분 간의 조화로운 조율이 이루어진 상태여야 하기 때문입니다. 그러므
로 인위적인 긴장을 만들어 내지 않는 서기가 중요합니다.

이렇듯 누구나 실현하고 있으나, 제대로 구현하기 어려운 서기를 '더 좋은 사
용'이라는 관점에서 살펴보시죠.

척추동물의 진화

어류, 양서류, 파충류, 조류, 포유류는 모두 등뼈를 가진 척추동물입니다. 때문에 인간의 해부학적인 구조를 살펴볼 때, 이해의 출발점을 포유류가 아닌 어류로 보기도 합니다.

『내 안의 물고기(*My Inner Fish*)』에서 닐 슈빈은 인간과 물고기를 비교하며 '물고기 지느러미와 같은 구조의 손, 척추동물로서 가지는 동일한 구조'에 주목합니다. 또한 틱타알릭(Tiktaalik) 화석을 발견하며 그러한 관점을 더 탄탄히 가져갑니다. 틱타알릭은 '얕은 물가에 사는 물고기'라는 뜻의 에스키모 어로, 어류에서 양서류로 진화되는 중간 단계의 생물입니다. 이 화석의 발견은 당시 고생물학계를 발칵 뒤집어 놓기도 했는데요. 틱타알릭이 지느러미와 비늘을 가진 어류로서의

특성을 가지면서도, 발처럼 체중을 지탱할 수 있는 특이한 지느러미가 있고, 게다가 납작한 머리의 구조는 양서류인 악어와 닮았기 때문입니다. 나아가 닐 슈빈은 DNA와 배아 실험을 통해 발생유전학 관점에서도 인체의 해부학적 구조가 물고기와 매우 유사하다는 사실을 증명하기도 했습니다.

인간의 머리와 척추에 대해 이야기하면서 왜 물고기를 짚고 넘어갈까요? 이러한 관점이 직립하도록 디자인된 우리의 몸이, 긴 시간을 거쳐 다양한 환경에 적응하게 된 결과라는 점을 보여 주기 때문입니다. 이 책에서는 다양한 학설이 공존하는 진화, 발생학을 화두로 삼지는 않을 건데요. 다만, 우리의 인체 구조를 과학적으로 이해하기 위해, 발생학적 관점을 이론의 기반으로 가져오면서 '보다 효율적인 직립'의 기준을 찾아갈까 합니다.

다른 척추동물과 인간의 해부학적인 특징들을 먼저 비교해 볼까요?

공통점
견고한 척추를 가지고 있음 머리에 뇌와 생존에 필요한 감각기관(눈, 귀, 입, 귀)이 모두 위치함 척추의 돌기에 부착된 근육이 발달함 머리-척추와 근육의 협업을 통한 이동 움직임이 발달함

인간과 다른 척추동물의 공통점

종류	서식 환경	몸의 구성	움직임의 특성	신체 정향 눈의 위치
어류	해양	척추 (팔, 다리, 목이 없음)	사지가 없는 상태로 몸 전체가 함께 움직임	척추 방향과 지면은 수평 머리 옆에 눈 고정
양서류	해양 육지	척추 4개의 다리	사족보행 목은 있으나 독립적 움직임 불 가능	척추 방향과 지면은 수평 머리 위에 눈이 있음
파충류	육지	척추 4개의 다리	사족보행 위, 아래 움직임도 가능 목 움직임의 독립성	척추 방향과 지면은 수평 머리 위에 눈이 있음
포유류	육지	척추 4개의 다리	사족보행 위, 아래 움직임도 가능 목 움직임의 독립성	척추 방향과 지면은 수평 머리 앞에 눈이 있음
유인원	육지	척추 4개의 다리	사족보행 위, 아래 움직임도 가능 목 움직임의 독립성 4개의 다리 중 앞 다리는 손처럼 사용되기도 함	척추 방향과 지면은 수평~ 수직 사이 머리 앞에 눈이 있음 가동적 움직임 가능한 눈
인간	육지	척추 2개의 다리 2개의 팔	이족보행, 직립으로 걸음 목 움직임의 독립성 달릴 때는 위, 아래 방향도 있음	척추 방향과 지면은 수직 머리 앞에 눈이 있음 가동적 움직임이 가능한 눈

인간과 다른 척추동물의 차이점

불안정한 직립 구조

우선 척추동물의 공통점으로부터 '서기'의 기본적인 개념을 세워 보려 합니다. 인간을 포함한 모든 척추동물은 척추가 움직임의 근간이 되는 핵심 축이 됩니다. 척추를 중심으로 하여, 그 척추 돌기에 붙어 있는 근육을 통해 이동이 이루어지기 때문입니다.

또한, 이러한 움직임을 관장하는 기관은 두뇌가 포함된 머리입니다. 척추라는 축을 실제로 움직이는 컨트롤타워는 척추의 맨 위에 있는 머리라는 얘기죠. 머리는 외부와 내부의 감각 정보를 받아들여 해석하고 실행을 계획하는 인지적인 사고의 기관입니다. 또한 움직임에 있어서도 실행의 계획을 조직화하여 골격 시스템과 근육 시스템에 전달하고, 실제로 동작을 행하는 '움직임의 시작이 되는' 기관이기도 합니다.

그래서, 척추동물에게는 '머리-척추'를 잘 운용하는 것이 좋은 자세와 움직임의 기본이 되는데요. 앞에서 살펴본 바와 같이, 인간은 다른 동물과 다르게 직립의 구조를 가지게 되었죠. 척추의 방향이 지면과 '수평'인 여느 동물들과 달리 인간은 척추의 방향이 지면과 '수직'을 이루고 있습니다. 그러면서 지지와 이동을 담당했던 네 개의 다리가 각각 두 개의 팔과 다리로 분화되는 독특한 해부구조를 가지게 되었습니다. 이러한 손의 자유는 도구를 만들고, 정교하고 복잡한 조작을 가능하게 하였고, 이는 문명의 발달, 그리고 뇌의 발달을 가져왔다고 알려져 있습니다. (Mary Leakey, 「Footprints in the Ashes of Time」)

한편, 직립으로 인해 어려움도 함께 직면하게 되었죠. 다른 네 발 동물들은 척추와 갈비뼈가 지면과 수평을 이루고 있어, 그 안쪽으로 심장, 폐, 생식기 등 주요한 부분들을 잘 가리며 보호하고 있습니다. 반면, 인간은 이러한 주요 부분들을 전면에 노출하고 있습니다.

나아가, 네 발로 다니는 동물들의 수평 구조보다 인간의 수직 구조물은 훨씬 더 안정적이지 못합니다. 인간의 불안정한 수직 구조는 건물에 비유해 보면 더 쉽게 이해할 수 있습니다.

벽돌 건물을 한번 떠올려 보시죠. 벽돌을 하나하나 수직으로 쌓은 건물은 압축 구조를 가지기 때문에 상부로부터 눌리는 하중이 내려가면서 점차 가중됩니다. 이에 건물의 전체 무게를 지탱하기 위해서는, 건물 하단부에 내압축성이 장착된 특별한 구조물이 필요합니다.

인간의 몸은 어떨까요? 무거운 머리의 위치가 불안정성을 가중시킵니다. 4~6kg나 되는 머리는 매우 중요한 컨트롤타워로서 우리 몸의 최상부에 위치합니다. 머리의 밑에서는 척추가 수직 구조로 받치고 있으며, 척추의 방향대로 근육도 수직으로 척추를 감싸고 있죠. 만약 벽돌 건물과 마찬가지로 나의 머리-척추 수직 구조물을 압축 방식으로 사용한다면 어떨까요? 머리의 무게는 목을 압박하고, 상체의 무게는 허리를 압박하며, 전신의 무게는 두 발을 압박하게 됩니다.

그렇다면 현대인에게 익숙한 거북목, 일자목, 허리 디스크는 직립 구조로 진화된 인간이 가질 수밖에 없는 숙명 같은 것일까요? 직립하는 인간의 구조가 불안정하기 때문에 근육을 더 수축하고, 몸을 더 압박하는 방식으로 몸을 쓰기 쉽습니다. 이 때문에 우리는 더욱 직립 자세에 대한 관점의 변화, 몸에 대한 이해가 필요합니다.

우선 중력에 대한 생각부터 한번 바꿔 보도록 하겠습니다. 여러분이 갖고 있는 중력에 대한 이미지는 어떤가요? 나를 바닥으로 잡아당기는 것이라거나 싸워야 할 대상으로 보고 있지는 않을지요.

중력에 당겨지는 나

이번 장에서는 '인간의 해부학적인 구조의 이해는 어류에서 출발한다.'는 것으로 시작했었지요? 그렇다면 머리와 척추가 지구와 평행을 이루고, 머리와 척추의 방향을 따라서 자유롭고 편안하게 유영할 물고기는 중력을 어떻게 느끼고 있을까요?

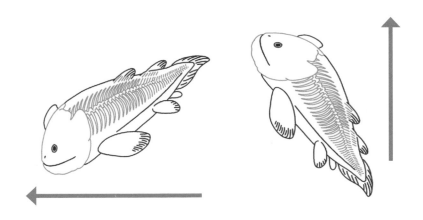

바닷속 물고기의 움직임 방향성과 하늘을 향하는 물고기의 움직임 방향성

바닷속을 유유히 움직이는 물고기를 생각하며, 오른쪽 그림처럼 나의 몸이 하늘을 향하는 물고기가 되었다고 생각해 보면 어떨까요? 물고기를 통해 **중력장에 맞서 싸우지 말고, '중력의 지지를 받는다.'는 변화된 관점**을 떠올려 보는 것입니다. 내가 안심하고 중력에 무게를 맡긴다면, 중력과 똑같은 크기의 항중력이 나를 받쳐 줄 테니까요.

물론 물고기의 머리와 척추 움직임을 인간에게 똑같이 적용할 수는 없습니다. 물고기는 머리와 눈이 모두 앞으로 향하고 있어 머리와 눈의 방향이 같습니다. 하지만 인간의 머리는 위를 향하고 있는데 눈은 앞을 향하고 있어 방향이 같지 않죠. 그래도 차이점보다는 공통점이 더 많은 물고기를 떠올려 보면서 '움직임이 시작되는 머리'와 척추의 움직임 방향성이 얼마나 중요한지 생각해 볼 수는 있습니다.

지금 나는 어떻게 서 있을까요?

정면을 응시하고 두 발을 어깨너비 정도로 벌리고 서서 자신을 관찰해 봅시다.

☑ 정렬된 서기의 자세에서 머리, 몸통, 다리 각각의 무게중심점을 떠올려
   봅시다. 느껴지는 대로 그림에 각각의 무게중심점을 점으로 표시해 봅니다.

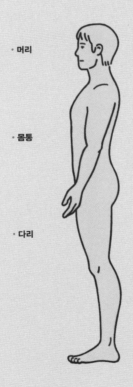

・머리

・몸통

・다리

나의 몸을 관통하는 몸의 중심선(line of gravity)은 체중의 중심선을 따라 뻗은 직선입니다. 다음의 왼쪽 그림과 같이 우리에게 익숙한 수직 정렬축이지요.

그러나, 머리, 몸통 그리고 다리의 무게중심점은 중심선에 존재하지 않습니다. 오른쪽 그림과 같이 머리와 다리의 무게중심점은 몸통의 무게중심점보다 앞쪽에 있습니다. 이처럼 각 부분의 무게중심점은 곧은 직선이 아니기 때문에 '정렬 선을 따라 똑바로 선다.'라고 생각한다면 머리와 무릎 등에 힘을 주기 쉽습니다.

──── ALEXANDER TECHNIQUE ────

머리−환추−발, 올바른 정렬 찾기

얼굴과 머리의 차이

앞서 벽돌 건물처럼 나의 몸을 압축 방식으로 쓰게 된다면, 머리의 무게는 목을 압박하고, 상체의 무게는 허리를 압박하며, 전신의 무게는 두 발을 압박한다고 이야기한 바 있습니다.

영상 바로 가기

위에서 아래로 누르는 압축의 출발지는 머리입니다. 좋지 않은 자세로 인해 머리가 앞으로 조금씩 나온다면 어떨까요? 4~6kg의 머리가 1cm씩 나올수록 머리의 하중은 2.5kg가량 증가합니다. 가령 거북목과 함께 3cm 머리가 앞으로 빠졌다면, 내가 실제로 짊어져야 하는 머리의 하중은 10kg을 훌쩍 넘습니다.

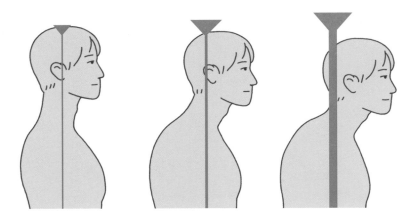

우리는 자는 시간을 제외한 하루의 많은 시간 동안 꽤 무거운 머리를 짊어지고 다니기 때문에, 머리의 하중은 중요한 문제입니다. 머리의 무게는 어깨에 돌을 얹은 것 같은 느낌을 주기도 하고, 목의 커브를 왜곡하여 일자를 넘어 역C자로 만들기도 합니다.

머리의 무게를 줄이는 첫 번째 방법으로 머리에 대한 인식부터 시작해 봅시다. 머리는 어떻게 생겼고, 어디에 놓여 있을까요? 정면으로 본 머리를 먼저 살펴보죠.

한 손으로 머리의 꼭대기 부분을 짚어 보고, 다른 손으로는 아래 끝부분을 짚어 볼까요? 머리 앞쪽에서 짚었다면 정수리와 턱끝을 짚었을 겁니다. 그런데 만약 머리 뒤쪽에서 짚으면 어떻게 될까요? 다음 쪽에 나오는 측면에서 본 머리 그림을 살펴봅시다.

그림에서 보듯이 머리의 뒤쪽 끝부분을 짚으려 했을 때, 빨간색 화살표가 위치한 후두, 즉 뒤통수를 짚었을 겁니다.

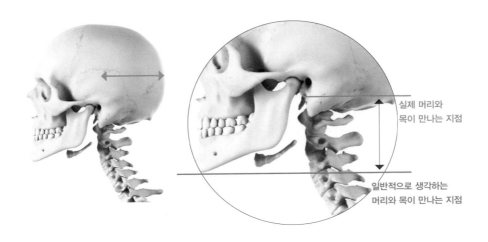

이 그림을 보고 해부학 그림이 이상하다고, 자신의 모습과 다르다고 느끼는 분도 있을 겁니다. '내 머리는 납작한데.'라는 생각과 함께 그림의 빨간색 화살표 부분이 낯설게 보이는 것이죠. 하지만 이 두개골 그림은 정상적인 해부학 그림입니다.

그렇다면 턱은 머리에 속할까요. 아닐까요?

얼굴에는 눈, 코, 입, 귀 등의 감각 기관들이 분포되어 있습니다. 턱이 얼굴의 일부분인 것은 분명합니다. 그런데, '턱'은 뒤에서 본 머리에서는 찾을 수가 없습니다.

그림에서 자세히 볼 수 있듯이, 턱은 턱관절을 통해 분리되는 독립 구조물입니다. 그러므로 턱은 머리에 속하지 않습니다. 턱을 제외한 입천장 부분인 윗턱까지만 머리에 속합니다.

그러므로 턱까지 머리라고 인식하면서 불필요한 긴장과 함께 무겁게 들고 다닐 필요가 없습니다.

—— **PRACTICE** ——

머리의 무게 인식하기

영상 바로 가기

머리의 위치와 구조에 대한 잘못된 인식을 바로잡으면, 머리의 무게가 다르게 느껴질 수 있습니다.

① 머리에 턱을 포함시키고, '머리=얼굴'이라
고 생각합니다. 그리고 머리를 천천히 끄덕
이며 머리의 무게감을 인식해 봅니다.

② 머리 뒤통수 부분을 인식하며, 구의 형태의
'머리+턱'을 머리라고 생각합니다.
머리를 천천히 끄덕이며 머리의 무게감을
인식해 봅니다.

③ 아래턱을 제외한 부분. 즉 위턱 이상 부분
  을 머리라고 생각합니다.
  천천히 끄덕이며 머리의 무게감을 인식해
  봅니다.

세 활동에서 머리의 무게감은 서로 차이가 있었나요?
3번의 활동이 앞선 두 활동보다 더 부드럽고 가볍게 머리 움직임을 자각했을 가능성이 큽
니다.
'턱을 포함한 머리'고 인식할 때의 무게감과 '턱을 제외한 머리의 무게감'이 다른 이유는
머리의 무게가 놓이는 지점이 달라졌기 때문입니다. 해부학 구조대로 머리를 인식하며,
머리의 무게중심에 대한 자각이 바뀐 것이죠. (만약 활동을 통해 느껴지는 무게감에 차이가 없었다
면 움직임을 너무 빨리 큰 가동범위로 했기 때문일 수 있으니, 다시 한번 천천히 해 보기를 권해 드립니다.)

머리의 받침대, 환추

양쪽 귓구멍을 관통하는 하나의 선을 그어 봅니다.

머리 정수리를 관통하는 하나의 선을 그어 봅니다.

인중 시작점을 관통하는 하나의 선을 그어 봅니다.

세 선이 만나는 접점을 찾았나요? 그곳에서 목이 시작됩니다.

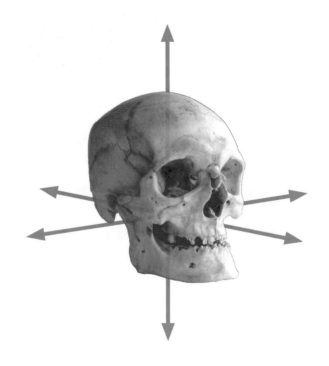

많은 사람들이 머리와 목이 만나는 지점을 잘못 알고 있습니다. 대부분 턱이 끝나는 지점이라고 생각하기 때문입니다. 그 지점을 뒤에서 보면 뒷목이 됩니다. 만일 '머리=얼굴'이라고 생각한다면, 머리의 무게는 뒷목에서 받쳐 주어야 합니다.

그림에서 확인할 수 있듯이 **실제 머리와 목이 만나는 지점은 생각보다 훨씬 위, 그리**

고 안쪽에 위치하고 있습니다. 이처럼 머리와 목이 만나는 위치를 이해하면 머리 무게점의 인식이 변화하여 머리가 척추를 누르는 것에서 벗어날 수 있습니다.

목을 해부학적 관점에서 더욱 구체적으로 살펴보면, 경추라 불리는 7개의 척추로 구성되어 있습니다. 7개의 경추 중 첫 번째 경추가 머리와 만나고 있는데요. 이를 '환추'라고 합니다. 앞서 살펴본 것과 같이 환추는 우리의 인식보다 훨씬 '위'와 '안쪽'에 위치하고 있습니다.

환추는 다른 척추들과는 다른 형태로 생겼습니다. 다른 척추들은 모두 가지고 있는 척추 뼈몸통이 없는 반면, 두 개의 편평한 면을 이루고 있습니다. 또한 많은 근육, 인대 등이 연결되어 있는데요. 이처럼 다른 척추와 다르게 독특한 형태를 띠면서 여러 부착물들이 있는 이유는 그만큼 특수한 기능을 하기 때문입니다. 바로 머리를 지지하는 역할입니다.

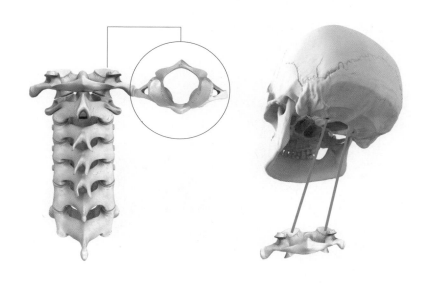

특수 구조물인 환추와 다른 경추들 / 환추후두관절(atlanto-occipital joint, 후두와 환추의 접점)

환추의 위쪽 관절면은 머리를 지지하기 위해 존재하는, 다른 척추에는 없는 독특한 구조인데요. 그림과 같이 머리의 후두관절융기(occipital condyle)가 환추와 맞닿아 있습니다. 이 둘의 접점, 즉 환추후두관절(atlanto-occipital joint)이 머리의 독립적인 움직임을 가능하게 해 주는 것이죠. 이 둘은 서로가 꼭 들어맞는 구조로, 환추의 관절면은 오목하게, 후두관절융기는 볼록하게 생겼습니다.

환추는 영어로 아틀라스(atlas)라 불립니다. 환추가 머리를 받들고 있는 모양이 마치 그리스 신화 속 아틀라스가 하늘을 떠받들고 있는 모습과 유사하다 하여 붙여진 이름인데요. 아틀라스는 그리스 신화 속에서 올림포스 신족과의 싸움에서 패하고, 그 벌로 세계의 서쪽 끝에서 창공을 떠받치고 있는 인물입니다. 형벌로 살아가는 내내 하늘을 힘겹고 고통스럽게 들고 있는 아틀라스처럼 환추도 평생 무거운 머리를 떠받쳐야 하는 운명을 면치 못하는 걸까요?

어쩌면 환추를 '아틀라스'라고 생각하는 우리의 관념이 혹시 환추를 더 힘들게 만드는 것은 아닐까요? 관념운동학(ideokinesis)에서는 해부학에 적절한 이미지를 심상화함으로써, 더 바른 몸의 이해, 더 좋은 움직임의 실천을 도모합니다. 그래

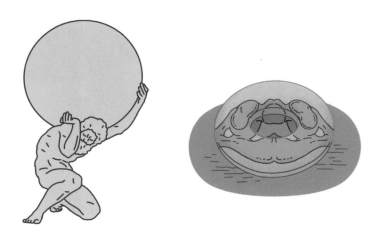

지구를 떠받치고 있는 아틀라스와 튜브로 심상화한 환추

서 관념운동학에서는 아틀라스를 다음과 같은 이미지로 바꿔 볼 것을 권하는데 요. 바로 물 위에 떠 있는 튜브입니다. 힘들게 지구를 들고 있는 아틀라스에서 물 위에 떠 있는 튜브에 얹혀진 머리로 관념을 바꿔 보는 것만으로도 머리의 무게감 은 달라질 수 있습니다.

그럼 활동을 통해 척추 꼭대기에서의 머리 움직임을 경험해 볼까요?

머리의 시작점 찾기

영상 바로 가기

목과 머리가 만나는 접점인 머리의 시작점을 찾아봅니다. 앞에서 알아본 머리를 관통하는
세 개의 선이 만나는 지점을 인식합니다. 그 지점에는 환추가 있고, 그 위에 후두관절융기
가 서로 일치되는 볼록-오목 관계로 놓인 것을 떠올려 봅니다. 그리고 환추 위에서의 머
리 움직임을 경험해 봅니다.

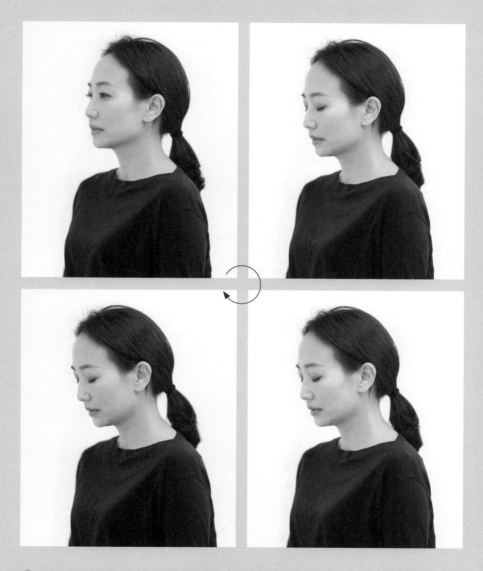

① 정면을 바라봅니다. 머리가 앞으로 살짝 숙여질 때, 코가 살짝 아래로 떨어지면서 동시에 후두는 위로 올라가는 것을 느껴 봅니다. 환추를 '지지하는 뼈'로 인식하고, 그 위에서 머리가 작고 부드럽게 슬라이딩하도록 움직여 봅니다.

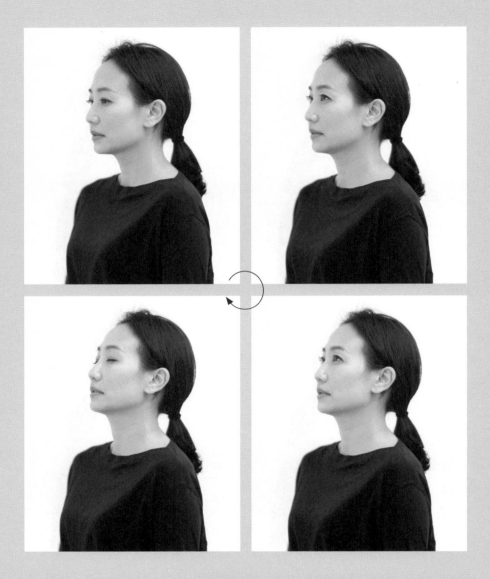

❷ 머리가 뒤로 살짝 젖혀질 때, 코가 살짝 위로 올라가면서 동시에 후두는 살짝 아래로 떨어지는 것을 느껴 봅니다.

❸ 천천히 처음의 자세로 돌아옵니다.

작은 범위로 머리를 움직여 보며 머리와 목이 만나는 지점을 감각해 볼 수 있는데요. 이 때, 환추후두관절을 기점으로 머리와 경추 1, 2번을 연결하는 후두하근(두개골 뒤쪽에서 뒷목 으로 연결되는 미세한 근육)이 활성화됩니다. 즉 머리를 아주 천천히 작은 범위로 움직이는 활 동을 통해서 후두하근이 섬세히 사용되며 머리가 자연스럽게 환추 위에 내려진 경험을 할 수 있습니다.

아는 만큼 쓸 수 있는 발

인간의 직립 구조에서 머리가 척추를 누르지 않고 몸의 최상부에 있는 것만큼이나 최하부에 위치한 발이 잘 기능하는 것도 중요합니다. 앞선 설명처럼 중력에 순응하는 상태가 아니라 항중력에 의해 지지되는 탄성적 상태의 직립이 되려면 발이 온전히 잘 지면에 뿌리내려야 합니다.

중력장 안에 사는 우리는 반드시 한 개 이상의 신체 부위가 지면과 맞닿아야 합니다. 비보잉의 스핀헤드 동작이나 체조의 물구나무 자세를 한다면, 머리나 손이 지면과 맞닿는 부분이 되겠죠. 하지만 우리 일상에서 가장 많이 지면과 접촉하면서 몸을 지탱할 수 있게 지지해 주는 부위는 '발'입니다. 지면과 접촉한다는 것은 나를 둘러싼 환경과 만나는 일이며, 지구와 관계를 맺는 것이라 이해해 볼 수도 있겠지요. 이런 관점에서 발은 환경과 나를 연결해 주는 매개체라 볼 수도 있습니다.

이처럼 중요한 발에 대해 얼마만큼 알고 있나요? 발에는 몇 개의 뼈가 있는지, 몇 개의 아치가 있는지 생각해 본 적 있을까요? 물론 발의 뼈나 아치가 몇 개인지 정확히 몰라도 우리는 무리 없이 발을 사용할 수 있습니다. 잘 서 있기도 하고, 잘 걸을 수도 있죠. 하지만, 발의 형태와 기능을 알고 발을 사용한다면 더 정교하고 섬세하게 사용할 수 있습니다. 이번 기회에 매일 나를 위해 수고롭게 일하고 있는 발과 친해져 보면 어떨까요?

발에는 뼈가 왜 이리 많을까?

한쪽 발에는 26개의 뼈가 있습니다. 두 발의 뼈를 합치면 52개의 뼈가 있는 셈입니다. 성인의 몸 안에 206개의 뼈가 있다는 점을 생각해 보면, 그중 4분의 1에 해당하는 뼈가 발에 있는 것이죠. 뼈가 많은 만큼이나 발은 우리 몸에서 대단히 큰 비중을 차지하고 있습니다. 단순히 뼈만 많은 것이 아닙니다. 한쪽 발은 33개의 관절, 64개의 근육, 56개의 인대로 이루어져 있답니다. 이렇게 정교하게 설계되어 있다니, 놀랍지 않나요?

발을 크게 세 부분으로 나누어 보면, 발가락이 있는 전족부, 발허리 부분인 중족부, 발목과 뒤꿈치를 포함하는 후족부가 있습니다.

발가락이 있는 전족부를 살펴볼까요? 아마 다섯 발가락에 5개의 뼈가 있다고 생각하기쉬울 텐데요. 실제 발가락에는 작은 발가락뼈들이 무려 14개나 있습니다. 검지발가락부터 새끼발가락까지는 각각 3개의 뼈로 구성되어 있고, 엄지발가락은 2개의 뼈로 구성되어 있죠. 보통 발등이라고 부르는 중족부 역시, 하나로 뭉뚱그려 있는 것이 아닙니다. 각각의 발가락으로부터 연장된 5개의 긴 발등뼈가 병풍처럼 주르륵 펼쳐져 있답니다. 후족부에는 섬과 같이 옹기종기 무리를 지은 5개의 뼈, 그리고 종아리의 뼈와 연결된 거골이 뒤꿈치에 해당하는 종골로 이어져 있습니다.

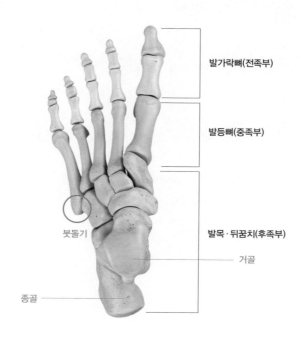

발가락뼈(전족부)

발등뼈(중족부)

발목·뒤꿈치(후족부)

붓돌기

거골

종골

━━━━ PRACTICE ━━━━

발뼈 찾기

영상 바로 가기

나의 발과 친해지는 첫 작업으로 발뼈를 하나하나 찾아봅시다. 매일 나를 위해 수고롭게 일하고 있는 발의 뼈들을 차례로 만나 봅시다.

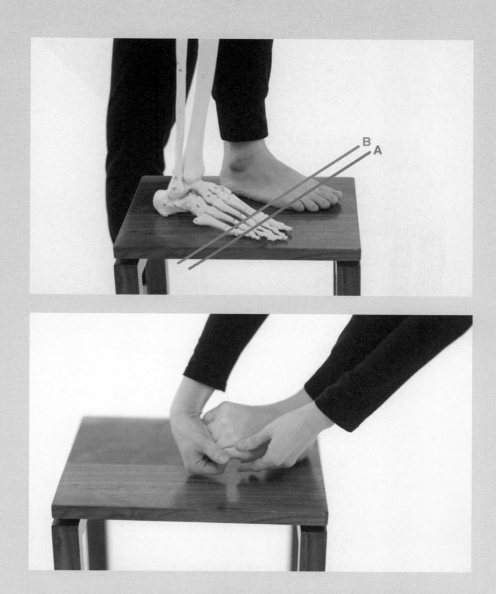

① 발가락이 시작하는 지점을 가리켜 봅니다. 일반적으로 발가락의 시작점을 A라고 생각
하기 쉬운데, 실제 발가락의 시작점은 B와 같습니다.
발가락이 시작하는 지점을 실제로 만져 보며 14개의 각각의 발가락뼈를 찾아봅니다.

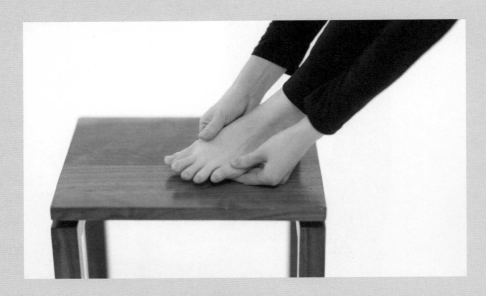

② 발등뼈도 하나하나 만지며 찾아봅니다. 하나의 발등이 하나가 아니라 5개의 발등뼈가 있기 때문에 19개의 발뼈가 함께 움직이는 것을 느껴 봅니다.

③ 발가락을 부채처럼 쫙 펴고 오무리는 움직임으로, 14개의 발가락뼈를 인식해 봅니다.

④ 발바닥은 바닥에 대고, 발가락을 공중으로 듭니다. 새끼 – 약지 – 중지 – 검지 – 엄지 발가락 순으로 천천히 지면에 닿도록 무게를 내려 봅니다. 이때, 발가락뼈 하나하나를 인식해 봅니다. 이번에는 발가락뼈뿐 아니라 발등뼈도 인식하며 동작을 반복해 봅니다.

발가락뼈는 생각보다 길고, 엄지 발등뼈는 짧고 두꺼우며, 검지 발등뼈는 엄지에 비해 길고 얇습니다. 이렇듯 발가락들이 각각 다른 길이와 두께, 형태를 가진 이유는 각각의 발등뼈가 하는 역할이 섬세하게 조금씩 다르기 때문일 텐데요. 또한 새끼 발등뼈는 중간에 튀어나온 붓돌기가 있습니다. 새끼 발등뼈의 붓돌기는 넘어짐을 방지하는 균형을 위한 완충장치 역할을 해 줍니다. (119쪽 참조)

발의 아치는 몇 개일까?

발의 아치는 몸무게의 하중을 분산시켜서 몸을 잘 지탱하게 해 줍니다. 아치는 또한 충격을 덜 받게 해 주어 발에 안정성과 탄력성을 마련해 줍니다. 심지어 점프를 할 때, 체중의 10배 이상의 무게를 지탱할 수 있게 해 주기도 합니다.

이런 중요한 역할을 하는 아치는 몇 개일까요? 보통 엄지발가락 쪽에 하나의 세로 아치만 있다고 생각하기 쉬운데요. 크게 **내측, 외측의 세로 아치와 가로 아치까지 3개의 아치**가 있습니다. 또 가로 아치를 3개로 구분해 5개의 아치로 보기도 합니다. 새끼발가락 쪽의 외측 아치는 내측보다 근육이 발달해 있어 아치가 없는 것으로 보이지만, 실제로는 바깥쪽도 아치가 존재합니다. 5개의 아치가 발의 무게를 분산시켜 준다고 하니 든든하지 않나요?

세로로 길게 뻗은 내측과 외측 아치에 의해 발등이 만들어지는데요. 긴 활 모양의 아치 구조 덕분에 우리는 오랜 시간 걷거나 달릴 수 있습니다. 활 형태가 충격 흡수를 도와주는 것이지요. 또한 근육과 인대 그리고 뼈를 지지하는 역할을 합니다. 가로 아치는 발의 중간 부분에 가로 안정성을 제공합니다. 발이 부하를 받을 때 한쪽으로 무게가 쏠리지 않는 역할을 하며, 5개의 발등뼈 모두에 무게가 분산되도록 하지요.

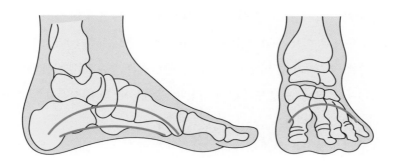

발의 아치는 발의 무게중심점과도 큰 관련이 있습니다. 앞서 오목한 환추의 관절면이 볼록한 후두관절융기에 얹혀 있음을 살펴봤습니다. 머리가 척추 1번에 무게를 내리고 있는 셈인데요. 인체 전체로 봤을 때는 전신의 무게가 발을 통해 바닥에 내려집니다. 이때, 발은 전신의 무게를 효율적으로 지탱하기 위해서 무게가 한쪽으로 쏠리지 않게 세 개의 꼭지점으로 분산되며 중심을 유지하는데요. 내측, 외측의 세로 아치와 가로 아치가 연결된 삼각대 형태를 이루며 무게를 고루 분산시킵니다.

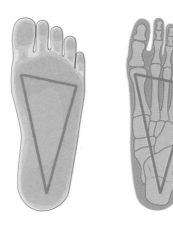

발의 세 꼭지점

그런데, 머리 무게가 환추가 아닌 더 아래쪽 척추에 떨어지거나, 허리를 너무 곧게 세우고 무릎에 힘을 주면 어떻게 될까요? 세 부분으로 분산되어야 할 무게가 뒤꿈치 쪽에 치우치기 쉽습니다. 또한 골반 틀어짐과 같은 자세 불균형으로 인해 한쪽 다리에 더 많은 무게가 실리게 되면 두 발에 공평히 내려져야 할 무게가 한쪽으로 쏠리기도 합니다.

이에 고유 수용 감각을 통해 섬세히 자각하며 발의 무게 분산을 원래대로 회복하는 것이 필요합니다. 활동을 통해 구체적으로 만나 보시죠.

━━━ **PRACTICE** ━━━

발의 아치 찾기

영상 바로 가기

'서기'를 위한 챕터이기는 하나, 발의 아치를 더욱 잘 감각하기 위해서 앉아서 활동을 진행합니다. 발의 아치들을 하나씩 찾아봅니다.

❶ 두 발이 땅에 잘 접지되도록 의자에 앉습니다. 그리고 오른쪽 뒤꿈치가 3~4cm정도 들리게 천천히 듭니다. 뒤꿈치가 들려진 결과, 발의 무게가 발가락뼈에 놓인 것을 감각합니다.

❷ 모든 발가락뼈에 실려진 힘을 천천히 새끼발가락 쪽으로 이동시키며, 새끼발가락의 시작점(3번째 관절)에 주의를 두어 봅니다.

❸ 새끼발가락에 실린 무게가 서서히 약지 – 중지 – 검지 – 엄지발가락 순으로 옮겨지게 합니다. 발가락 시작점(약지~검지는 3번째 관절, 엄지는 2번째 관절)의 연결을 감각해 보며, 수평의 가로 아치를 느껴 봅니다.

④ 거꾸로 엄지 – 검지 – 중지 – 약지 – 새끼발가락으로 무게가 옮겨지며, 계속 가로 아치를 감각해 봅니다.

⑤ 들렸던 뒤꿈치를 바닥에 천천히 내려지게 합니다. 이때, 발등뼈가 바닥에 닿여지는 것을 감각하며, 수직의 내측과 외측 아치를 느껴 봅니다.

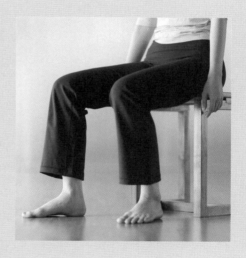

앞서 살펴본 것처럼, 발의 아치는 잘 서기 위해 꼭 필요한 요소입니다. 아치 공간감을 느끼며 좋은 서기를 찾아가 보길 바랍니다.

—— ALEXANDER TECHNIQUE ——

프라이머리 컨트롤, 몸의 유기적 관계가 중요하다

자세 항상성의 회복

모든 생명체는 항상성(homeostasis) 시스템을 가지고 있습니다. 항상성
이란, 변수들을 조절하여 내부 환경을 안정적이고 상대적으로 일정하
게 유지하려는 생명체의 특성입니다. 항온 동물이 일정한 체온을 유지
하고 있는 것을 항상성의 대표적 예로 들 수 있지요. 이처럼 살아 있는 유기체에게
일어나는 과정을 일컫는 용어였으나, 지금은 온도 조절 장치와 같은 자동 조절장
치에도 개념이 활용되고 있습니다.

이 항상성 개념을 알렉산더 테크닉에서는 '자세 항상성'으로 확장해 나갑니다.
1세대 알렉산더 테크닉 교사인 동시에 의사였던 윌프레드 바로우(Wilfred Barlow)
는 자세 항상성이란 **안정적 휴지기 상태(steady resting state)를 유지하기 위한 인체
의 기본 시스템 중 하나**라고 말합니다. 인간이 자세를 유지할 수 있는 것은 몸 전
체에서 근육적 협응(muscular coordination)이 섬세하게 일어나기 때문인 거죠. 그런
데 바로우가 바라본 현대인들은 인체의 기본 시스템인 '안정적 휴지기 상태'가 제
대로 작동하지 못하고 있었습니다. 그는 망가진 현대인의 자세 항상성을 위해 알
렉산더 테크닉의 자세 항상성의 교육이 필요하다고 결론내렸죠.

부드러운 막대 위에 놓인 무거운 머리 구조의 무릎반사 검사용 해머(knee-jerk
hammer)가 '안정성 휴지기'를 설명하기에 적절한 예가 될 수 있습니다. 정상적인

해머는 자극을 주었을 때, 그림 a와 같이 안정점(resting point)을 중심으로 부드럽게 흔들리는 진동의 움직임을 보여 줍니다. 그러나 외부의 강한 힘으로 형태가 변형된 그림 b의 해머는 자극을 주었을 때, 흔들리는 진동 없이 그 형태로 뻣뻣하게 고정되어 있습니다. (Wilfred Barlow, 『*Postural Homeostasis*』)

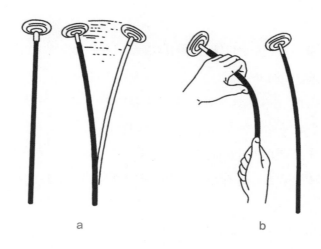

a   b

해머의 예를 인체로 가져와 보면, 그림 a와 같이 안정적 휴지기 상태의 정상적인 머리는 자극이 주어지면 부드럽게 흔들리는 상태로 유지가 되나, 그림 b와 같이 꺾인 막대는 외부에서 힘을 가해도 여전히 꺾여 있는 상태가 됩니다.

이처럼 하나의 자세 안에서도 변화하는 환경에 따라 몸은 미세하게 흔들리며 적응해 나가는데요. 그러므로 우리는 근육적 협응을 기반으로 하는 안정적 휴지기 상태를 기본값으로 가지고 있어야 합니다. 그런데 우리는 위 그림의 휘어진 해머처럼 근육이 과활성화된 뻣뻣한 자세로 머리를 고정하고 있는 것은 아닐까요?

프라이머리 컨트롤

> 프라이머리 컨트롤: 머리-목과 다른 신체 부분들이 맺는 역동적인 관계를 말합니다. 특히, 머리-목-척추의 유기적인 관계로 효율적인 협응 동작이 가능해지면 전반적인 인체 기능이 향상됩니다.

알렉산더 테크닉의 프라이머리 컨트롤(primary control)은 인체의 사용에 주요한 영향을 미치는 머리와 목, 그리고 다른 신체 부분들이 맺는 역동적인 관계(dynamic relationship)를 의미합니다. 앞서 살펴봤듯이 척추동물에게 머리와 목의 사용은 매우 중요한데요.

척추보다 무게중심점이 앞과 위에 있는 머리가 목의 긴장 없이 그 방향이 잘 허용된다면, 척추를 포함한 몸통, 몸통과 연결된 팔과 다리 역시 좋은 흐름의 상태가 될 것입니다. '프라이머리(primary)'라 이름 붙인 이유 역시 척추동물에게 머리-목-몸통의 연결성이 모든 움직임에서 첫 번째로 일어나는 것이기 때문입니다.

"머리가 움직이면 몸은 즉각적으로 따라온다."

이 문장은 관계의 역동성을 쉽게 압축적으로 표현한 문장입니다. 직립보행을 하는 인간의 입장에서는 위 문장이 와닿지 않을 수 있는데요. '앞으로 움직일 때, 엉덩이가 먼저 움직이지 않나? 발이 먼저 나갈 수 있지 않나?' 하고 생각할 수도 있겠지요. 그럼 다른 척추동물로 한번 예를 바꿔 볼까요? 포유류는 머리와 척추가 한 방향 선상에 있으며, 척추 방향은 지면과 수평을 이룹니다. 그래서 앞으로 나아간다면 머리가 움직임을 이끌고, 자연스럽게 척추를 포함한 몸통과 사지가 움직임을 이어받게 됩니다.

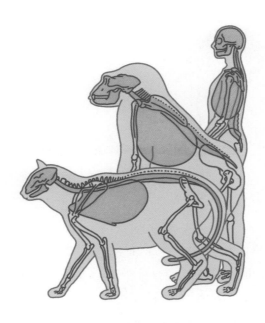

포유류, 유인원, 인간의 머리-목-몸통 구조 비교

앞부분에서 살펴본 것과 같이 인간은 다른 척추동물보다 구조가 불안정하죠. 척추 꼭대기에 머리가 놓여 있고, 척추 방향은 지면과 수직을 이룹니다. 그래서 '머리가 움직임을 이끈다.'는 말이 생소하게 느껴질 수 있습니다. 하지만 여러분은 어린 시절 이 방식으로 잘 서 있었고, 잘 걸었습니다. 왜냐하면 척추동물에게 머리-목-몸통의 협응(coordination)은 내재된 인체 매커니즘이기 때문입니다. 아기일 때 누구나 수도 없는 뒤집기와 기기, 넘어짐을 통해 머리-목-몸통의 관계를 잘 만들어 갔던 것이죠. 이 때문에 알렉산더 테크닉에서는 '좋은 연결성은 이미 가지고 있던 것인데, 고정된 생각과 고착화된 습관으로 잠깐 사라진 것이다.'라고 이해합니다. 프라이머리 컨트롤은 없는 것을 새롭게 만드는 것이 아니라, 이미 가지고 있던 것을 되찾는다는 관점인 것이죠.

"머리가 움직이면 몸은 **즉각적으로** 따라온다."

앞 단락에서는 머리-목-몸통으로 연결되는 것에 주목을 했는데요. 이번에는 이 문장에서 '즉각적'이라는 부분에 주목해 볼까요? 달리는 말을 멈추는 방법은 고삐를 당겨 머리를 꺾는 것이죠. 머리가 멈추면서 몸도 즉각적으로 멈추는 것입니다. 이를 반대로 표현하자면, '좋은 머리의 움직임은 즉각적으로 척추를 따라 좋은 전신의 움직임을 이끈다.'라고 할 수 있겠지요.

이처럼 머리의 조절은 즉각적으로 신체 모든 부분에 영향을 줍니다. '머리-목-몸통의 협응 움직임은 유기적으로 연결되어 매우 긴밀하고 빠르게 서로에게 영향을 주고 받는다.' 이렇게 프라이머리 컨트롤이 의미하는 관계의 역동성을 이해해 볼 수 있겠습니다. ('관계의 역동성'에 대해서는 앉기 챕터에서 깊이 살펴보겠습니다.)

ALEXANDER TECHNIQUE

더 나은 '서기'를 위한 활동

앞서 살펴본 자세 항상성 개념이 다소 어렵게 느껴지실 수도 있는데요. 보다 쉽게 움직임으로 만나 볼까요?

완벽한 서기란 존재하지 않습니다. 자세 항상성 개념과 활동을 통해 알아본 것과 같이, 우리는 항상 미세하게 흔들리고 있지요. 다시 말해, 균형이 딱 맞는, 완벽한 자세를 유지하는 것은 불가능합니다.

서 있는 상태를 유지할 때도 우리는 미세하게 흔들리며, 불균형과 균형의 상태를 오갑니다. 무게중심이 다르게 디자인된 우리의 본래 신체 구조 때문이죠. 자연스럽게 살짝 흔들리는 머리는 흔들리는 1번 척추 위에 놓여져 있으며, 흔들리는 몸통은 여러 관절이 연결되어 유연히 움직일 수 있는 다리 위에 잘 얹혀 있습니다.

이처럼 **서기를 하나의 고정된 '형태'로 이해하지 않고, 미세한 흔들림이 지속적으로 일어나고 있는 '상태'로 이해해야 합니다.** 앞서 살펴본 자세 항상성과 맥을 같이 하는 것이죠. 자세 항상성의 개념을 알렉산더 테크닉의 기본 개념인 프라이머리 컨트롤과 함께 이해해 보면 더욱 다채롭게 서기를 탐색해 볼 수 있습니다.

━ PRACTICE ━

흔들리는 나와 만나기

영상 바로 가기

'바르게 선다는 것'의 알렉산더 테크닉적 지향점은 서기를 고정적인 자세로 이해하지 않는 것입니다. 미세하게 계속 흔들리고 있는 '나'를 만나 봅니다.

❶ 어깨너비로 발을 벌리고 서서, 자연스럽게 시선은 먼 앞을 응시합니다. 발의 뼈가 바닥에 잘 내려져 있는 것을 감각하며, 발에 무게가 잘 분산되어 있는지, 한쪽으로 무게가 쏠리는지 알아봅니다.

(한쪽으로 무게가 쏠렸다고 느껴진다면, 바로 교정하지 말고 있는 그대로 내버려 두어 서서히 몸이 알아서 균형을 찾아가게 합니다.)

두 발에 내려진 무게는 비슷한지, 한쪽으로 무게가 더 내려져 있는지 알아봅니다.

(역시 한 발에 무게가 쏠렸다고 느껴진다면, 교정하지 말고 있는 그대로 내버려 두어 서서히 몸이 알아서 균형을 찾아가게 합니다.)

❷ 두 발이 바닥에 내려진 것을 동시에 인식하며, 발바닥 전체에 실린 무게를 천천히 발가락 쪽으로 이동합니다.

이때, 머리를 시작으로 목 – 척추를 포함한 몸통과 다리 역시 무게가 앞쪽으로 이동되게 합니다.

❸ 발가락 쪽에 실린 무게가 점차 다시 원래
상태로 돌아오도록 합니다. 역시, 머리를 시
작으로 목–척추를 포함한 몸통–다리 역
시 무게가 다시 제자리로 돌아오게 합니다.

❹ 이번에는 발바닥 전체에 실린 무게를 천천
히 뒤꿈치 쪽으로 이동합니다. 역시, 머리
를 시작으로 목–척추를 포함한 몸통–다
리 역시 무게가 뒤쪽으로 이동되게 합니다.

⑤ 발가락 쪽에 실린 무게가 점차 다시 원래 상태로 돌아오게 합니다. 역시, 머리를 시작으로 목 – 척추를 포함한 몸통 – 다리 역시 무게가 다시 제자리로 돌아오게 합니다.

⑥ 이번에는 발바닥 전체에 실린 무게를 천천히 오른발로 옮겨지게 합니다.
이때, 왼발은 여전히 바닥에 붙어 있기는 하나, 무게는 실리지 않게 합니다. 오른쪽으로 무게가 이동하는데, 몸 중앙을 관통하는 정렬의 수직중심선, 즉 머리 정수리를 시작으로 인중 – 턱 – 척추 연결선이 오른쪽 고관절을 통과해 무릎 – 발로 연결되도록 합니다.

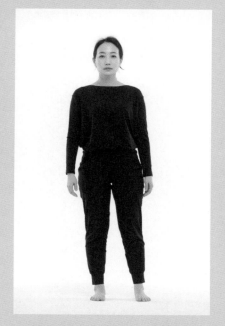

⑦ 오른발에 실린 무게가 점차 다시 원래 상태로 돌아오게 합니다. 역시, 머리를 시작으로 목 – 척추를 포함한 몸통 – 다리의 무게가 제자리로 돌아오게 합니다.

⑧ 반대로 발바닥 전체에 실린 무게를 천천히 왼발로 옮겨지게 합니다.
이때, 오른발은 여전히 바닥에 붙어 있기는 하나, 무게는 실리지 않게 합니다. 왼쪽으로 무게가 이동하는데, 몸 중앙을 관통하는 정렬의 수직중심선, 즉 머리 정수리를 시작으로 인중 – 턱 – 척추 연결선이 왼쪽 고관절을 통과해서 무릎 – 발로 연결되도록 합니다.

⑨ 왼발에 실린 무게가 점차 다시 원래 상태로 돌아오게 합니다. 역시, 머리를 시작으로 목 – 척추를 포함한 몸통 – 다리의 무게가 제자리로 돌아오게 합니다.

⑩ 무게중심 이동 활동을 한 후, 지금 몸의 수직중심선은 어떠한지 알아 봅니다. 또한 발바닥에 실린 무게는 어떤지, 두 발 간의 무게가 같은지 다른지도 알아 봅니다. 서 있는 자세를 유지하나, 그 안에서 미세하게 흔들리는 감각을 느껴 봅니다.

활동 후, 자연스럽게 자세 항상성이 회복되어, 서기 자세를 유지하려고 미세하게 발이 흔들리며 조절되는 몸을 느끼실 수 있을 겁니다. 혹시 발뿐 아니라 골반과 머리도 미세하게 흔들리나요? 서 있을 때 미세하게 흔들린다면 나쁘거나 불안한 것이 아니라 지극히 자연스럽고 안전한 것입니다. 이처럼 서기를 하나의 고정된 '형태'로 이해하지 않고, 미세한 흔들림이 지속적으로 일어나고 있는 '상태'로 이해해야 합니다.

CHAPTER 4   # 앉기

"올바른 자세는 없다. 올바른 디렉션이 있을 뿐이다."

— F.M. 알렉산더

영상 바로 가기

─── ALEXANDER TECHNIQUE ───

내가 아는 '바르게 앉기'가 정말 맞는 걸까?

앉기는 의자에 앉기, 바닥에 앉기, 쪼그려 앉기 등으로 나누어 볼 수 있지만, 이번 장에서는 일상에서 흔히 취하는 '의자에 앉기' 자세를 중심으로 살펴보려고 합니다. 사실 입식 자세는 인간에게 자연스러운 자세는 아닙니다. '의자'라는 인간의 고안물로 인해 만들어진 인위적인 자세이기 때문이죠.

먼저 의자의 역사를 살펴보며 '의자에 앉는 자세'에 대해 좀 더 깊이 알아봅시다. 고대 이집트 시대로 거슬러 올라가면 의자의 원형을 살펴볼 수 있는데요. 당시 의자는 공동체와 도시를 대표하고 다스리는 사람만이 소유하고 앉을 수 있던 것이었습니다.

특별한 사람만 앉을 수 있던 의자가 보편화된 것은 근대사회에 접어든 후의 일입니다. 산업화에 따라 대량 공급이 가능해진 덕분이죠. 의자가 대중에게 보급되면서 우리는 의자에 앉는 법을 배울 필요가 생겼고, 학교에서 '가만히 앉아 있기'를 교육받게 됩니다. 특수한 계층의 전유물이었던 의자가 산업 발달과 함께 보편적으로 상용화되면서 아이러니하게도 사회에 길들여지는 도구로 활용되었다는 점이 섬뜩하게 다가오기도 합니다.

이렇게 우리에게 친숙할 뿐 아니라, 일상의 삶을 살아가는 데 어쩌면 필수불가결한 '의자에 앉기'가 족쇄가 아닌, 유용하고 효율적인 삶의 기술이 되는 방법을 이번 장을 통해 알아보려고 합니다.

보편화된 생활 자세, 앉기의 어려움

현대인은 보통 하루의 3분의 1 정도의 시간을 의자에서 생활합니다. 매일 의자에 앉아서 밥을 먹습니다. 학교라는 교육장에서도 기본적으로 의자에서 앉아서 공부를 합니다. 수업시간 중에 학생들은 움직이지 않고, 의자에 앉아 있기를 학습받습니다. 이 교육은 성인이 된 후에도 연장됩니다. 직장에서 업무시간에 자리를 지켜야 하지요. 심지어 여가시간에도 우리는 소파라는 또 다른 형태의 의자에 앉아서 TV를 시청하고, 타인과 대화를 합니다.

이렇게 자거나 어디론가 움직이는 시간을 제외한 대부분의 시간 동안 우리는 어딘가에 앉아 있는 셈인데요. 이렇게 빈번히, 익숙하게 행하고 있는 '의자에 앉기'를 여러분은 어떻게 하고 있나요?

많은 분들이 의자에 앉기가 불편하다고 어려움을 토로합니다. 불편한 이유가 "의자에 똑바로, 바르게 앉으면 오래 그 자세를 유지할 수가 없어서 수시로 자세가 무너지게 된다."라고 말합니다. 나아가 "구부정하게 무너진 자세는 안 좋은 자세라고 생각해서 바르게 고치려고 하는데, 쉽지 않다."고 이야기합니다.

내가 알고 있는 '바르게 앉기'가 과연 정말 바른 앉기일까요? 어쩌면 내가 알고 있는 바르게 앉기가 잘못된 기준은 아니었을지, 경험 해부학과 알렉산더 테크닉 개념 등을 통해서 알아보도록 하겠습니다.

사전 관찰 활동

지금 나는 어떻게 앉아 있을까요?

1. 두 발을 바닥에 놓고 의자에 앉습니다.

2. 구부정한 자세로 앉아 봅니다.

3. 허리를 펴고 꼿꼿한 자세로 앉아 봅니다.

4. 구부정한 자세와 꼿꼿한 자세의 중간 자세로 앉아 봅니다.

• 인식 활동: 세 가지 앉기를 비교해 봅니다.

☑ 세 가지 앉기 중 평상시 내가 자주 취하는 자세는 무엇인가요?

☑ 세 가지 앉기 중 편하다고 느끼는 자세는 무엇인가요?

☑ 세 가지 앉기 중 바른 앉기라고 생각하는 자세는 무엇인가요?

일반적으로 허리를 바르게 펴고 앉는 것이 바른 앉기라고 생각합니다. 바르게 앉기를 설명할 때, 보통 우리는 "허리 펴고 앉아."라는 표현을 쓰곤 하지요.

그런데 허리를 펴도록 힘을 주어 만든 자세가 '바른 자세'라고 할 수는 없습니다. 일부러 허리를 펴서 앉으면, 허리에 과도한 긴장이 들어가기 때문입니다. 신체에 불필요한 긴장이 들어갔다면 그 자세는 오래 유지될 수 없습니다.

바른 앉기란 신체 어느 한 부분의 과도한 사용 없이 오래 자세를 유지할 수 있는 상태를 말합니다. 이는 허리를 포함한 척추뿐 아니라 머리와 목, 그리고 골반과 다리의 조화로운 관계가 전제되어야 가능합니다.

힘을 주어 겉모양만 흉내 낸 앉기 자세가 아니라, 편안한 정렬과 균형이 잡힌 앉기 자세를 지향해야 하는 것이죠.

─── ALEXANDER TECHNIQUE ───

'앉는 뼈' 좌골(坐骨) 만나기

좌골을 찾아라

앞서 '중력장 안에 사는 우리는 반드시 한 개 이상의 신체 부위가 지
면과 맞닿아야 한다.'고 했는데요. 그렇다면 의자에 앉았을 때, 우리는
어디로 앉아 있을까요? 몸의 어느 부분이 지면과 닿아 무게를 지지할

영상 바로 가기

까요?

많은 분들이 '엉덩이로 앉아 있다.' 혹은 '허리로 무게가 지지된다.'라고 답할
텐데요. 우리가 의자에 앉아 있을 때, 의자와 맞닿은 신체 부분은 '좌골'이며, 상체

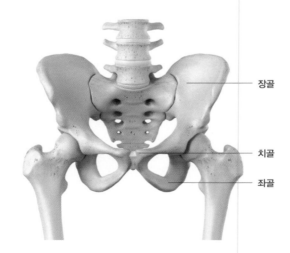

장골

치골

좌골

의 무게를 받아 주는 부분은 좌골이 포함된 골반입니다. 골반은 3개의 부분(장골, 치골, 좌골)으로 구성되는데, 골반의 밑면에 해당하는 것이 좌골입니다. 한자로는 '坐骨', 영어로는 'sit bone'이라고 부르는 좌골은 이름 자체가 제 기능을 잘 나타내 주고 있습니다. 바로 '앉는 뼈'이지요.

좌골결절은 납작하다?

좌골 영역에서 우리가 실제로 앉게 되는 부분은 좌골결절(ischial tuberosity)입니다. 보통 좌골결절은 납작하다는 이미지를 가지기 쉬운데요. 그러나 그림에서 보는 것과 같이 좌골결절 아래 부분은 4각을 나누어진 형태이며, 전체적으로 둥근 모양입니다. 앉아 있을 때는 거친 아래 부분과 상대적으로 부드러운 윗부분으로 구분되는 좌골결절의 중간 정도에 무게가 내려집니다. 그렇다면 구체적으로 어느 지점에 무게가 내려지는 게 좋을까요?

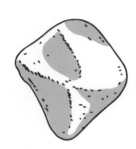

아래에서 바라본 좌골결절

보통 우리는 한 지점을 찾는 경향이 많은데요. 흔들의자의 이미지를 떠올려 보면 무게를 받는 부분을 한 지점으로 정하기는 어려울 겁니다. 의자가 흔들리지 않고 가만히 있다고 해도, 받침의 밑면 곡선 안에서 상대적으로 편편한 면의 한 부분이 아닌. 일정 면적에 무게가 내려집니다.

좌골결절도 마찬가지입니다. 한 지점이 아닌 좌골결절 안에서 상대적으로 편편한 영역에 무게가 내려지게 하는 것이 필요합니다.

일상의 앉기 자세에서 우리는 흔히 다음 장 오른쪽 그림처럼 구부정하게 앉지요. 구부정하게 앉는다면 그림과 같이 상체 무게는 좌골 뒤쪽으로 가게 되며, 골반도 뒤로 눕게 됩니다. 골반이 당겨지면 허리도 잡아당기게 되고, 결과적으로 척추 사이에 압박을 초래합니다.

한편, 우리가 바른 자세라고 생각하기 쉬운 허리를 곧게 세우고 앉는 왼쪽 자세는 상체 무게가 좌골 앞쪽에 실린 상태입니다. 이와 함께 골반 역시 앞으로 향하며, 허리는 과신전 됩니다.

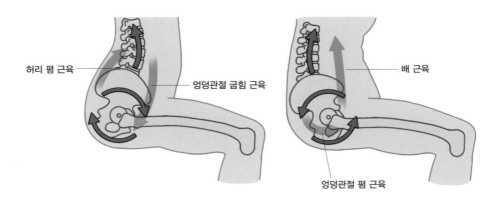

이렇듯 좌골 중간 부분이 아닌 곳에 무게가 놓이면, 척추와 골반은 압박을 받는 구조가 됩니다. 그래서 그 중간 부분을 잘 이해하고 실천하는 것이 필요한데요. 먼저 좌골이 어디에 있는지 활동을 통해 찾아보도록 하겠습니다.

===== **PRACTICE** =====

좌골 찾기

영상 바로 가기

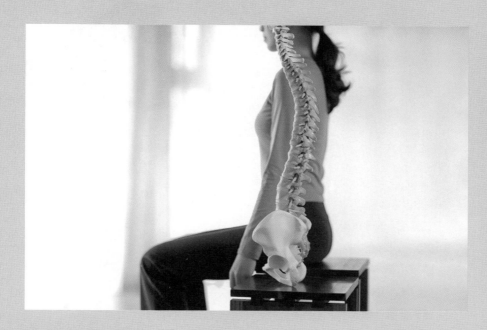

앉았을 때 내 몸을 지지하는 역할을 해 주는 좌골, 그 형태와 움직임을 직접 경험해 봅니다.

① 오른손을 오른쪽 엉덩이 아래 깊숙하게 넣어 오른쪽 좌골을 찾습니다.
오른손이 오른쪽 좌골의 무게를 받치게 하고 좌골을 움직여 봅니다.

② 오른손을 빼고 오른쪽 좌골이 의자에 놓인 것을 새롭게 감각합니다.

③ 왼손을 왼쪽 엉덩이 아래 깊숙하게 넣어 왼쪽 좌골을 찾습니다.
왼손이 왼쪽 좌골의 무게를 받치게 하고 좌골을 움직여 봅니다.

④ 왼손을 빼고 왼쪽 좌골이 의자에 놓인 것을 새롭게 감각합니다.

⑤ 양쪽 좌골을 동시에 인식하며 앉습니다. 양쪽 좌골에 내려진 무게가 같은지, 다른지 느껴 봅니다.

• 의자는 좌골이 인식될 수 있도록 딱딱한 것이 좋습니다.

고유 수용 감각을 통해 만나 본 좌골은 어땠나요?

좌골을 지각한 한 많은 분들이 "엉덩이 안에 이렇게 견고한 뼈가 숨어 있었는지 몰랐다." 고 이야기하는데요. 이처럼 좌골은 상체 무게를 받칠 수 있을 만큼 안정적인 형태로 정교하게 디자인되어 있습니다.

두 개의 골반과 이를 연결해 주는 천골

앞서 "어디로 앉아 있을까요?"라는 질문에 일반적으로 '엉덩이'라는 답이 많을 거라고 했었는데요. 이때, 대부분 떠올리는 '엉덩이'는 '척추의 끝부분에 위치한 하나의 엉덩이'라고 생각하기 쉽습니다.

하지만 엉덩이는 하나가 아닙니다. 두 개의 부분, 즉 좌골반과 우골반으로 나뉘어 있습니다. 이 두 개의 좌골반과 우골반은 천골이라고 하는 척추뼈로 연결되어 있지요.

직립하는 인간은 머리 무게가 척추를 따라 내려와 두 개의 골반으로 나누어진 뒤, 두 다리로 연결되어 두 발로 지탱하는 구조를 갖고 있습니다. 머리-목-몸통은 하나의 축으로 연결되나, 골반을 기점으로 두 개의 축으로 나뉘어서 연결되죠.

그래서 앉을 때 두 개의 골반이 각각 무게를 잘 나눠 받아 주고, 다리와 발로 잘 연결되게 하는 것이 중요합니다.

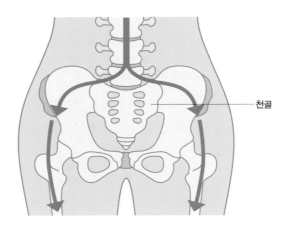

천골

만약 다리를 꼬고 앉으면 어떻게 될까요?

양쪽 골반으로 균등하게 분산되어 내려져야 할 무게가 한쪽 골반에 치우쳐서 전달됩니다. 이런 자세를 계속 취한다면 결국 골반이 틀어지게 되겠죠. 그러므로 앉기 자세에서 양쪽 골반으로 무게가 골고루 전달될 수 있도록 유의해야 합니다.

ALEXANDER TECHNIQUE

디렉션, 최적 지지−최소 압축을 허용하라

디렉션을 활용한 몸의 구조적 연결 인식하기

알렉산더 테크닉의 디렉션(direction)은 인지적 메시지와 공간적 방향
성을 동시에 뜻하는 언어 정보로서, 무의식적인 행동 안에서 행해지는
불필요한 애씀과 긴장을 놓고 본래적인 몸의 상태를 되찾게 도와주는
의식적 생각을 일컫습니다. 알렉산더 테크닉의 기본 디렉션은 다음과 같습니다.

영상 바로 가기

내 목의 자유로움을 허용한다.
내 머리가 앞과 위로 향하도록 허용한다.
내 몸통이 길어지고 넓어지는 것을 허용한다.

앞선, 호흡 챕터의 활동에서 복부 움직임을 '한다' 대신 '허용한다'로 해 보았는
데요. 마찬가지로 일상의 자세에서도 같은 원리가 적용됩니다. 가령, 머리가 앞과
위로 향하도록 머리의 위치를 실제로 조정하는 것이 아니라 **인지적인 메시지를
떠올리며 동작의 의도만 가지는 것**이 필요한데요. 이 설명이 이상하거나 어렵게
느껴질 수 있을 겁니다. 왜냐하면 우리는 동작이나 운동을 바로 실행하는 방식으
로만 배웠기 때문이죠. 다음 활동으로 디렉션에 대해 더 자세히 이해해 보도록 하
겠습니다.

=== **PRACTICE** ===

디렉션 이해하기

영상 바로 가기

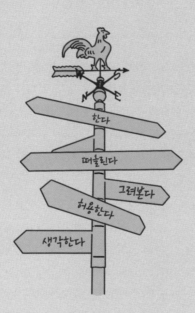

인지적인 메세지를 떠올리며 동작의 의도만 갖는 디렉션을 이해하기 위해, 오른팔 들기를 다양한 디렉션 문장으로 해 보겠습니다.

❶ 오른팔을 듭니다.

❷ 오른팔이 들리는 것을 떠올려 봅니다.

❸ 오른팔이 들리는 것을 허용해 봅니다.

❹ 오른팔이 들린다고 생각해 봅니다.

실제로 드는 ①번과 인지적인 메시지로부터 움직임의 의도를 가지는 ②, ③, ④번 사이에 차이가 있나요? 보통 즉각적으로 동작을 실행하는 ①과 인지적 메시지로 구성된 ②, ③, ④ 간에 동작 속도, 부드러움, 근육의 긴장 정도 등에서 차이가 나는데요. 인지적 메시지로 구성된 문장의 경우, 팔을 드는 데 사용되는 근긴장이 덜어지고, 부드러워지며, 속도는 느려지는 경향을 띱니다. (임상을 통해 나온 일반적인 결과를 소개한 것으로, 개개인마다 경험의 차이가 있을 수 있습니다.)

실제로 F.M. 알렉산더는 저서 『알렉산더 테크닉, 내 몸의 사용법』에서 인지적 메시지로 떠올린다(project)와 지시한다(order)를 사용하기도 했습니다. F.M. 알렉산더가 활동한 시기는 100여 년 전의 영국으로, 지금의 언어와는 결이 많이 다른데요. 이에 2, 3세대 알렉산더 테크닉 국제교사들은 허용한다(allow), 생각한다(think), 초대한다(invite) 등을 자유롭게 선택합니다. 이처럼 디렉션의 선택이 자유로울 수 있는 이유는 각자의 이해 안에서 새로운 몸감각적 경험을 불러오는 인지적 메시지가 다를 수 있기 때문입니다.

여러분은 ②, ③, ④ 중 어떤 문장에서 ①과 차이가 가장 많이 났을까요? 가장 차이가 났던 인지적 메시지로 디렉션을 연습해 보는 걸 추천드리는데요. 하나의 디렉션 문장을 고집하지 않고, 자유롭게 선택해 보세요. 각자의 몸감각적 경험은 타인의 그것과 구별되는 것으로, 그 독자성을 인정해 주는 것이 알렉산더 테크닉의 철학입니다.

최적의 지지를 통한 최소의 압축

알렉산더 테크닉의 기본 개념 중 하나는 '최소의 노력과 최대의 효율'입니다. 이를 인체 구조적 측면에서 이해해 보면 '최적의 지지(optimal support)를 통한 최소의 압축(minimal compression)'이라 표현해 볼 수도 있습니다.

최소의 압축과 최적의 지지를 받는 몸의 사용을 잘 이해하기 위해서는 우선 인체의 구조 시스템을 알아야 하는데요. 인체를 이루는 여러 하위 시스템을 분류해 보면 '뼈대, 근육, 근막'이라 할 수 있습니다.

뼈대는 나를 안정적으로 존재하게 한다.
근육은 나를 이동하며 움직이게 한다.
근막은 나를 유연하고 탄력적으로 연결되게 한다.

뼈대는 우리 몸의 근간을 이루는 구조물입니다. 마치 건축물의 골조가 하중을 견디는 지지대 역할을 하듯이, 인간의 뼈대는 안정적으로 무게를 지지해 주는 역할을 합니다.

하지만 인간은 움직이게 디자인되었습니다. 우리는 시간의 흐름에 따라 공간을 이동하며 삶을 영위해 나가죠. 이러한 이동을 가능하게 만들어 주는 것이 뼈대를 감싸고 있는 여러 층의 근육입니다. 700여 개의 근육은 때로는 독립적으로, 또 경우에 따라서는 일련의 근육군을 형성하며 통합적으로 기능하면서 움직임을 가능하게 해 줍니다.

그리고 이러한 근육 시스템은 근육만으로 기능할 수는 없습니다. 탄성과 장력을 가지고 있는 결합조직인 근막으로 우리 몸이 연결될 때, 비로소 좋은 움직임이 가능해집니다.

효율적인 자세 유지의 전략

자세근과 운동근 : 자세근은 유산소 에너지 시스템을 사용하여, 비교적 저강도의 작업 부하를 갖기에 비피로성 근육이라고 불립니다. 반면 운동근은 무산소 에너지 시스템을 사용하여 수축하고 저장된 ATP로부터 에너지를 순간적으로 만드는 고강도 작업 부하를 갖기에 피로성 근육이라 불립니다. 운동근은 자세근보다 속도가 2~3배 빠르며, 강한 힘을 일으키는 만큼 긴장이 급속도로 쌓입니다.

움직임을 행한다는 것은 근육의 활성화, 즉 근수축을 의미합니다. 이때, 근육 활성화는 활동의 성격에 따라 달라지는데, 크게 자세근과 운동근으로 구분됩니다.

서기, 앉기와 같은 자세는 일상에서 꽤 긴 시간 동안 지속되는 활동으로, 저강도의 작업 부하로 피로하지 않게 이루어져야 합니다. 그래서 명칭 그대로, 자세근을 중심으로 근육이 동원되어야 하는데, 실상은 그렇지 않은 경우가 많습니다. 100미터 달리기나 축구를 하지 않고 하루 종일 책상에 앉아 있거나 서 있었는데도 몸에 긴장이 많고 피곤하다면, 자세근을 사용해야 하는 활동에서 운동근을 사용하고 있기 때문일 수도 있습니다.

불필요한 운동근을 사용하지 않고 효율적으로 잘 앉기 위해서 '최적의 지지를 통한 최소의 압축'을 고려해 볼 수 있습니다. 앞선 설명처럼 움직임은 근육의 활성화로 이루어지기에, 일반적인 운동이나 재활 분야에서는 근육 시스템을 중심으로 동작을 이해하고 움직이도록 안내하는데요. 알렉산더 테크닉을 비롯한 소마틱스 분야에서는 최적의 지지를 위해 뼈대 시스템을 중심으로 몸을 인식하고 움직임을 행하도록 안내합니다.

보통 근육을 활용할 때는 키보드 치기, 단추 채우기와 같은 소근 활동에서부터 계단 오르기, 뛰기와 같은 대근 활동을 할 때 움직임이 커지면서 근육의 역할도 순차적으로 커져야 합니다. 심부 근육(속근육)에서 표면 근육(겉근육)으로의 방향성을 가지는 것이죠. 그런데 크고 빠른 동작에 익숙한 우리들은 몸의 심부에 위치한 자세근을 섬세히 사용하는 것이 낯설게 느껴질 수 있습니다. 그래서 움직임을 보여 주고 해당 근육을 상세히 알려 준다고 해도, 해당 근육군만 사용한다는 것은 어렵고 모호한 것이 되기 쉽습니다.

이에 소마틱스에서는 "뼈가 움직인다고 생각하고 천천히 움직이라."는 전략을 사용합니다. 뼈는 움직일 수 없으니 모순된 표현이지만, 뼈가 천천히 움직인다고 인식하면, 뼈대에 인접한 심부 근육부터 활성화되어 순차적으로 근육이 동원되기 때문입니다. 또한 뼈대의 인식을 통해 더욱 공고화된 지지를 얻을 수 있습니다.

뼈대의 안정적인 지지 안에서, '심부의 근육으로부터 순차적으로 근육이 쓰이고 있다.'고 생각하고, 나아가 '근막을 통해 부드러운 동시에 탄력 있게 움직일 수 있다.'고 인식하며 동작을 해 봅시다. 그러면 뼈대 시스템이 최적의 지지를 해 주고, 근육·근막 시스템이 잘 연결되어 중력으로 인해 눌리기 쉬운 우리의 몸에 압박을 줄여 줄 수 있습니다.

—— ALEXANDER TECHNIQUE ——

더 나은 '앉기'를 위한 활동

앞서, 알렉산더 테크닉의 디렉션 이해하기를 통해 인지적 메시지를 떠올리며 동작을 의도로부터 시작하는 방법을 활동으로 경험했습니다. 이제 디렉션을 활용한 앉기의 실제를 만나 볼 건데요. 디렉션을 활용한 앉기를 시작으로, 일상에서 많이 하게 되는 등받이 없는 의자 앉기와 등받이 있는 의자 앉기까지 살펴볼 것입니다. 앉기 활동에서는 디렉션에 집중하여 천천히 움직임을 해 보는 것이 좋습니다. 여러분에게 가장 와닿았던 인지적 메시지를 기억하는지요? 앞으로 사용할 예시 문장은 '허용한다'지만, '그려 본다' '초대한다' '생각한다' 등 다양한 문장으로도 가능하니, 원하는 문장으로 재구성하여 접근해도 좋습니다.

또한 '뼈가 움직인다고 생각하고 천천히 움직인다.'는 전략을 바탕으로 활동을 해 볼 겁니다. 그러니 이어지는 활동을 할 때도 뼈대 구조를 인식하고 머리 – 목 – 몸통 – 골반 연결을 머릿속에 그려 보며, 가능한 천천히 동작을 해 보길 바랍니다.

—— PRACTICE ——

디렉션 활용하여 앉기

영상 바로 가기

앞서 살펴본 디렉션을 실제 '앉기'에 적용해 보면 어떨까요? 동작이나 자세를 일부러 만들려고 하기보다, 디렉션에 주의를 기울여 나의 앉기를 내부 감각을 통해 잘 자각하는 것이 중요합니다.

① 등받이 없는 의자의 앞쪽 1/3 지점에 앉습니다. 의자에 놓인 오른쪽, 왼쪽 좌골을 함께 인식해 봅니다.

그리고 다음 디렉션을 떠올려 볼까요?

"내 목의 자유로움을 허용한다."를 떠올립니다.

"그로 인해 내 머리가 앞과 위로 향하도록 허용한다."를 떠올립니다.

"그로 인해 내 몸통이 길어지고 넓어지는 것을 허용한다."를 떠올립니다.

세 개의 디렉션 문장을 통해 골반을 기준으로 멀어진 머리와 이 둘을 연결해 주는 척추 사이사이 공간을 인식해 봅니다.

세 개의 디렉션 문장을 통해 몸의 중심축으로부터 펼쳐진 어깨, 갈비뼈, 골반을 인식해 봅니다.

② 두 개의 골반 사이에는 천골이 있음을 인식하며, 오른쪽 골반으로 무게를 옮겨 보고, 이어 왼쪽 골반으로 무게를 옮겨 봅니다.

골반과 머리를 연결해 주는 중심축으로서의 척추를 인식해 봅니다.

③ 몸통을 사선 앞으로 기울이는데, 머리가 동작을 리드해서 움직여 봅니다.

몸통이 사선 앞으로 기울여진 상태에 머물러 있는데, 이때 좌골 앞쪽에 무게가 실린 것을 인식합니다.

그리고 직립의 앉기 자세로 돌아오는데, 머리가 동작을 리드해서 움직여 봅니다.

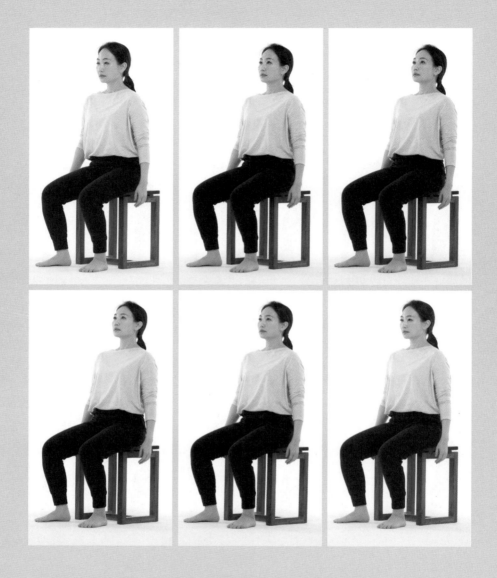

④ 몸통을 사선 뒤로 기울이는데, 머리가 동작을 리드해서 움직여 봅니다.
　몸통이 사선 뒤로 기울여진 상태에 머물러 있는데, 이때 좌골 뒤쪽에 무게가 실린 것
　을 인식합니다.
　그리고 직립의 앉기 자세로 돌아오는데, 머리가 동작을 리드해서 움직여 봅니다.

등받이 없는 의자 앉기

영상 바로 가기

등받이 없는 의자에서 앉기 실습을 하는 이유는 등받이에 의존하지 않기 위해서입니다. 등받이 있는 의자에 기대어 앉을 때는 습관적으로 좌골 뒤쪽으로 앉기 쉬운데요. 그러면 허리가 구부정한 상태로 앉게 되겠죠. 따라서 처음 앉기 연습을 해 보는 분들은 등받이 없는 의자에서 먼저 연습해 보기를 권합니다.

① 의자의 앞쪽 1/3 지점에 앉습니다. 두
손은 허벅지에 올려 둡니다.
의자에 놓인 오른쪽, 왼쪽 좌골을 함
께 인식해 봅니다.
머리 – 목 – 몸통 – 골반 연결을 자각
해 봅니다.

② 머리 움직임을 시작으로 시선이 가슴뼈를 향하게 합니다. 이때, 턱과 가슴이 좁혀지는
것에 주의를 두지 말고, 후두와 뒷목이 멀어지는 것에 주의를 둡니다. 가능한 천천히
움직입니다. 조금 머물다가 시선이 향하면 조금 더 움직여지는 것을 느껴 봅니다.

❸ 머리 정수리부터 뒷목까지 펴지는 것을 감각한 후, 가슴뼈에 가 있는 시선이 점차 공
간을 훑는 방식으로 정면을 응시하고, 이어 천장을 향하도록 합니다.
이때, 시선을 따라 머리가 움직이고, 머리를 따라 목이 움직이게 합니다.

③ 천장을 향한 시선이 점차 정면을 응시하고, 처음과 같은 자세가 되도록 합니다.
처음과 같은 자세지만, 달라진 몸의 구조적 연결을 자각해 봅니다.

PRACTICE

등받이 있는 의자 앉기

영상 바로 가기

일상에서 만나는 의자는 거의 등받이 의자일 것입니다. 또한 장시간 의자에 앉아 있는다고 한다면, 등받이를 적절하게 사용하는 것도 필요하지요. 이번 활동에서는 등받이 있는 의자에서 앉기를 실습해 보겠습니다.

❶ 등받이에 기대어 앉지 않도록 의자 앞쪽 1/3 지점에 앉고, 두 손은 허벅지에 올려 둡니다.
의자에 놓인 오른쪽, 왼쪽 좌골을 함께 인식해 봅니다.
머리 – 목 – 몸통 – 골반의 연결을 자각해 봅니다.

• 의자의 높이가 신장과 맞지 않는 경우도 종종 발생합니다. 의자에 앉아 무릎이 직각을 이루었을 때, 발뒤꿈치가 바닥에 닿지 않는다면 사진과 같이 바닥 높이가 올라오도록 만들어 주어야 합니다.

❷ 머리 움직임을 시작으로 시선이 가슴뼈를 향하게 합니다.
이때, 턱과 가슴이 좁혀지는 것에 주의를 두지 말고, 후두와 뒷목이 멀어지는 것에 주의를 둡니다. 상체를 천천히 숙입니다.

③ 시선이 바닥에서 시작해서 공간을 훑는 방식으로 정면을 지나 천장을 향하게 합니다.
이때, 시선을 따라 머리가 움직이고, 머리를 따라 척추와 몸통이 움직이며, 골반도 그
움직임에 동참할 수 있게 합니다.
가능한 느린 속도로 동작을 진행합니다.

④ 시선이 천장을 향했다가 다시 정면을 응시하게 합니다. 이때, 시선을 따라 머리가 움직임이 머리를 따라 척추와 몸통이 움직이며, 골반도 그 움직임에 동참할 수 있게 합니다. 가능한 느린 속도로 동작을 진행합니다. 처음과 같은 앉은 자세이지만, 달라진 몸의 구조적 연결을 자각해 봅니다.

⑤ 두 손으로 의자 뒤를 잡고 오른쪽 좌골을 인식한 뒤 오른쪽 좌골만 뒤로 이동시킵니다. 오른쪽 골반이 함께 움직이는 것을 자각합니다.

⑥ 이번에는 두 좌골 중 왼쪽 좌골을 인식한 뒤, 왼쪽 좌골만 뒤로 이동시킵니다. 이때, 함께 왼쪽 골반이 움직이는 것을 자각합니다.

⑦ 마치 좌골이 등받이 쪽으로 한쪽씩 걸어가는 느낌으로 등받이에 뒤쪽 골반이 닿을 때까지 ⑤∼⑥ 동작을 반복합니다.

⑧ 좌골 걷기 동작을 통해서 결과적으로 등받이와 접촉하게 된 등 전체를 인식합니다. 등이 등받이를 밀지 않고, 등받이와 잘 접촉된 것을 자각합니다.

⑨ 두 좌골결절의 편편한 부분이 의자 받침에 잘 놓이게 합니다. 이어 다음과 같은 디렉션을 떠올립니다.

"내 목의 자유로움을 허용한다."

"그로 인해 내 머리가 앞과 위로 향하여, 두 좌골 혹은 두 골반으로부터 멀어지는 것을 허용한다."

"그로 인해 내 몸통이 등받이에 잘 접촉한 것을 유지하면서 길어지고 넓어지는 것을 허용한다."

PART 3   움직임의 기술

앞서 눕기, 앉기, 서기 등 자세들을 운용하는 법을 배웠습니다.
지금부터는 좀 더 확장하여 일상의 움직임까지 살펴보려 합니다.
이상적인 움직임은 애쓺 없이, 불필요한 긴장 없이 원하는 대로
움직일 수 있는 것이겠죠. 움직임에서는 몸의 각 부분들을 조화롭게
사용하는 것이 중요합니다.
이번 파트에서는 앉기에서 움직임으로 확장된 앉고 서기, 그리고
서기에서 움직임으로 확장된 걷기를 살펴보겠습니다.

ALEXANDER
TECHNIC

CHAPTER 5

앉고 서기

"몸의 구조에 따른 역학적 효율을 얻는 자세 역시 움직임이다."
— 마조리 바스토우(Marjorie Barstow, 1세대 알렉산더 테크닉 교사)

* 몸의 구조에 따른 역학적 효율을 얻는 자세(position of mechanical advantage)
  : 알렉산더 테크닉에서는 몸의 구조를 고려한 역학적 효율을 얻는 자세를 활용하는데,
  대표적인 자세로는 세미수파인 자세와 멍키 자세가 있음

——— ALEXANDER TECHNIQUE ———
나는 어떻게 내 몸을 구부리고 있을까?

영상 바로 가기

이상적인 움직임에 가까워지기 위한 첫 번째 과정으로, 자세와 비교하며 움직임에 대한 개념 정립부터 해 보려 합니다.

자세란 눕기, 앉기, 서기와 같이 신체가 일정한 형태를 취하고 있는 것으로, 해당 자세의 상태가 지속된다는 특성을 가집니다. 앞선 장들을 통해서 자세의 속성이 일정한 형태의 유지이기는 하나, 자세가 지탱되는 가운데서도 신체 각 부분들이 '관계의 역동성'을 가진다는 점을 살펴보고 '자세 안에서도 미세한 흔들림을 허용해 보라.'고 제안드렸습니다. 이처럼, 소마틱스 관점에서 재정의해 보는 자세는 형태를 지탱하는 측면의 '고정성'보다 상태를 연결하는 측면의 '유동성'을 강조합니다. 그렇기에 움직임이 허용된 자세라고도 이해할 수 있겠습니다.

일반적으로 움직임은 시간 경과에 따른 위치 변화로 정의됩니다. 한 형태가 유지되는 자세와 비교해서 움직임은 유지된 자세가 깨어지는 데서 시작합니다. 즉 유지된 자세를 깨뜨릴 수 있는 물리적인 '힘'이 출발 요소인데요. 깨어진 형태는 과정 안에서 변화한다는 속성을 가집니다. 아래 몇몇 움직임 예시문을 통해서 더 상세히 알아볼까요?

1. 얼굴을 향해 날아오는 공에 나도 모르게 나를 보호하기 위해 일어나는 눈 깜빡임
2. 편안한 상황 안에서 자연스럽게 쉬고 있는 호흡

3. 발표를 앞두고 의식적으로 크게 몰아쉬는 호흡

4. 방문을 열기 위해 의자에서 일어나 문까지 걸어감

1, 2번은 무의식적으로 일어나는 움직임입니다. 반면 3, 4번의 움직임은 의식적으로 일어나는 움직임이죠. 2, 3번은 호흡 움직임이라는 공통점을 가지나, 2번은 무의식적인 숨쉬기, 3번은 의식적인 숨쉬기로, 의식의 유무에 따라 다른 호흡의 결을 가집니다. 예시에서 알 수 있듯이, 움직임은 목적 있는 행동에 기반한 의식적 수준의 움직임 뿐 아니라 무의식적 수준에서도 일어납니다.

소마틱스 교육에서는 무의식적인 움직임, 의식적인 움직임을 모두 중요하게 다루는데요. 그렇다고 둘을 서로 혼동하지는 말아야 합니다. 가령 서기 자세에서 불필요한 근긴장을 내려놓기 위해 '무의식적으로 일어나는 내부의 흔들림을 허용하라.'는 것을 '발 앞뒤로 무게중심이 이동되게 움직임을 행하라.'로 이해한다면 오히려 근육의 과긴장을 초래할 수도 있기 때문입니다.

일반적으로 '움직임'은 4번과 같은 신체 이동에 기반한 수의적 움직임일 텐데요. 이는 동작(action)이라고 불리기도 합니다. 이제부터 본격적으로 수의적 움직임을 더 효율적으로 할 수 있는 방법들을 알아보도록 합시다.

	개념	특성	세부 요소
자세	신체가 일정한 형태를 취하고 있는 것	상태의 지속	자세 항상성 : 한 자세 안에서 무의식적 움직임이 일어날 수 있음
움직임	시간 경과에 따른 위치 변화	과정의 변화	무의식적/의식적 움직임으로 구분 가능 일반적으로 의식적(수의적) 움직임을 동작이라고 부름

수도 없이 반복하는 앉고 서기

앉기, 서기 자세에서 물리적인 '힘'에 의해 움직임은 '구부리기'로 변화되는데
요. 여기에서 물리적인 '힘'이란, 타인이 나를 미는 것과 같은 정말 문자 그대로 외
부의 물리적인 힘일 수도 있겠으나, 일반적으로는 앉기에서 서기 혹은 서기에서
앉기를 하겠다는, 나의 내재적인 '동기' 혹은 '의도'에서 시작됩니다.

움직임의 시작 과정을 이렇게 풀어서 설명하는 이유는 **움직임의 시작이 단지
외부 자극에 대한 몸의 반응으로서의 동작이 아니라, 나의 '생각'에서 출발한다는
것**을 말씀드리고 싶기 때문입니다. 앉기도 마찬가지로, **의자에서 일어나겠다는
생각이 나의 구부러지는 움직임을 만듭니다.**

구부리기 움직임은 두 자세 중 하나에서 출발됩니다. 앉아 있거나, 서 있는 자
세죠. 좋은 구부리기 움직임은 고관절이 자연스럽게 구부러지고, 나머지 다리 관
절도 함께 움직이는 것입니다. 다시 말해, 고관절 무릎 발목이 자연스럽게 협응하
여 조화롭게 움직일 때 효율적이고 자연스러운 구부리기 움직임이 됩니다.

그런데 이 단순하고 쉬운 구부리기 움직임은 습관적으로 행해질 확률이 매우
높습니다. 고관절이나 무릎 관절을 잠그거나, 고관절-무릎-발목의 협응이 떨어
진 상태로 습관이 굳어질 수 있다는 얘기죠. 잘못된 구부리기 움직임 습관은 머리
가 꺾이고, 허리에 힘을 주기 쉬우며, 다른 부위의 과긴장을 불러옵니다. 이는 신
체의 지속적인 긴장을 만드는 고리가 됩니다. 알렉산더 테크닉의 관점에서 이 패
턴의 고리를 끊는 방법 역시 반응 이전 단계, 즉 움직임의 시작인 생각 단계에 있
습니다.

사전 관찰 활동 —————————

지금 나는 어떻게 구부리는 동작을 통해 '서기에서 앉기'를 하고 있을까요?

또 반대로 어떻게 '앉기에서 서기'를 하고 있을까요?

– 서기에서 앉기(stand to sit)

- 자세: 두 발은 어깨너비로 벌리고 서서 정면을 응시합니다.
- 움직임: 상체를 앞으로 기울이면서 서기에서 앉기까지 움직임을 해 봅니다.

☑ 움직임 진행 과정 동안 하체의 관절(고관절, 무릎 관절, 발목 관절) 중
어떤 부분이 가장 먼저 구부러지기 시작했나요?

☑ 움직임 진행 과정 동안 다리에 힘이 들어갔나요?
힘을 주었다면, 어느 시점에, 다리의 어떤 부분에, 얼마만큼의 힘이
들어갔나요?

☑ 움직임 진행 과정 동안 허리에 힘을 주었나요?
  힘을 주었다면, 어느 시점에, 얼마만큼의 힘이 들어갔나요?

☑ 움직임 진행 과정 동안 뒷목에 힘이 들어갔나요?
  힘이 들어갔다면, 어느 시점에, 얼마만큼의 힘이 들어갔나요?

☑ 움직임 진행 과정 동안 머리가 꺾였나요?
  꺾였다면, 어느 시점에, 얼마만큼의 각도로 꺾였나요?

− 앉기에서 서기(sit to stand)

• **자세:** 두 발은 편안하게 바닥에 놓이게 하여 의자에 앉습니다.
• **움직임:** 몸통을 앞으로 기울이면서 앉기에서 서기까지 움직임을 해 봅니다.

☑ 움직임 진행 과정 동안 머리가 꺾였나요?
   꺾였다면, 어느 시점에, 얼마만큼의 각도로 꺾였나요?

☑ 움직임 진행 과정 동안 뒷목은 눌렸나요?
   눌렸다면, 어느 시점에, 얼마만큼의 힘으로 눌렸나요?

☑ 움직임 진행 과정 동안 허리에 힘이 들어간 때가 있었나요?
   있었다면, 어느 시점에, 얼마만큼의 힘이 들어갔나요?

☑ 움직임 진행 과정 동안 팔은 어떻게 하고 있었나요?

☑ 움직임 진행 과정 동안 다리에 힘을 주었나요?
   힘을 주었다면, 어느 시점에, 다리의 어떤 부분에, 얼마만큼의 힘이
   들어갔나요?

앉고 서기를 하면서 내 몸 어디에 어떤 힘이 들어가는지 고민해 본 적이 없을 텐데요. 이와 같이 앉고 서기를 하면서 머리와 목, 팔, 허리와 다리 등 다양한 부분에 긴장이 들어갈 수 있으니 함께 살펴보면 좋습니다. 이제, 더 편안한 앉고 서기를 찾아가 보겠습니다.

—— ALEXANDER TECHNIQUE ——

고관절-무릎-발목 관절 이해하기

다리의 시작점, 고관절 바로 알기

구부리기 동작을 통해 우리는 의자에서 일어날 수도 있고, 반대로 의자에 앉을 수도 있습니다. 우리는 하루에 40~50번의 앉고 서기를 하는데요. 매일 반복적으로 하는 이 움직임을 더욱 효율적으로 하기 위해서 굽혀지는 부분이 어디인지 먼저 올바르게 인지할 필요가 있습니다.

영상 바로 가기

'구부린다'는 움직임을 해부학적으로 기술하면, '머리와 몸통을 다리보다 앞으로 기울인다.'가 됩니다. 그러므로, 몸통과 다리의 관계는 구부리기의 중요한 요소가 되는데요. 때문에, 구부리기의 중요한 좌표점은 몸통과 다리가 서로 만나는 지점입니다. 이 지점을 '허리'라고 인식하기 쉬운데요. '허리를 굽힌다.'는 표현을 일상적으로 많이 쓰기도 하고, 바지의 시작이 허리이기에 다리의 시작을 허리라고 오인하기도 쉽습니다.

하지만 다리의 시작은 골반과 허벅지 뼈가 만나는 '고관절'입니다. 고관절은 흔히 다리의 시작점으로 여겨지는 허리나 골반보다 아래에 위치해 있죠. 그렇다면 '고관절은 허리가 아니라 골반 아래에 있다.'는 표현이 맞을까요?

아닙니다. 다리의 시작점은 허리도 아니고, 엉덩이 밑도 아닙니다. 고관절의 정확한 위치는 바로 허리와 엉덩이 사이입니다. 그럼 고관절은 몸통과 어떻게 연결되어 있을까요? 대퇴의 골두가 고관절의 소켓에 끼워지는 형태로 만납니다.

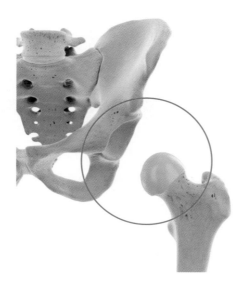

다리의 시작점인 고관절의 소켓과 대퇴의 골두

　그러므로 구부리기 움직임을 할 때, 머리와 몸통이 기울여지는 동시에 고관절이 부드럽게 회전되는 것이 중요합니다. 평소 '고관절을 접는다.'는 표현도 많이 쓰는데요. 실제의 고관절은 경첩처럼 접히는 관절이 아니라, 위의 그림과 같이 볼-소켓 구조로 회전하는 관절입니다. 그러므로 부드러운 구부리기 움직임을 하기 위해서는 고관절이 회전하는(구르는) 감각을 경험하고, 이를 몸에 익숙해지도록 하는 것이 중요합니다.

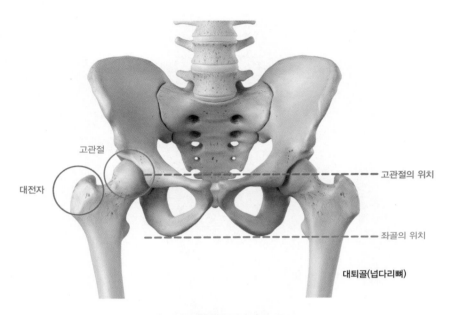

고관절

대전자

------- 고관절의 위치

------- 좌골의 위치

대퇴골(넙다리뼈)

고관절, 좌골결절, 대전자의 위치 비교

정확한 고관절은 대퇴 골두에 위치하는데요. 대퇴 골두는 골반의 좀 더 안쪽에서 시작됩니다.

그림으로 살펴보죠. 골반의 가장 밑부분은 좌골결절입니다.

좌골결절로부터 연장선을 그어 보면, 이 연장선 끝에는 넙다리뼈의 튀어나온 돌기(대전자)가 있는데요. 이 돌기는 다리의 시작이 아닙니다. 실제의 고관절은 골반의 윗부분인 장골, 그리고 아랫부분인 좌골의 중간 정도에 위치합니다. 즉 대전자보다 사선 안쪽에 있는 것이죠. 실제로 고관절 위치에 대한 인식은 알게 모르게 구부리기 움직임에 큰 영향을 미칩니다.

그럼 이제 내 몸에서 고관절을 한번 찾아볼까요?

— **PRACTICE** —

고관절 찾기

영상 바로 가기

다리의 시작점은 어디일까요? 구부리기의 시작점인 고관절의 정확한 위치를 찾아봅니다.
'사라지는 손가락'으로 고관절 위치를 찾을 수 있습니다.

❶ 오른쪽 골반에 엄지손가락을 놓고 오른쪽 다리를 굽혀 봅니다. 다리를 굽혀도 엄지손 가락이 그대로 보이는 것을 확인합니다.

② 오른쪽 허벅지의 시작 부분에 엄지 손가락을 놓고 오른쪽 다리를 굽혀 봅니다.
다리를 굽혀도 엄지손가락이 그대로 보이는 것을 확인합니다.

❸ 허리선과 허벅지의 중간에 엄지손가락을 놓고 다리가 굽혀지면서 엄지 손가락이 함께 사라진 것을 확인합니다.

• 같은 방식으로 왼쪽 고관절의 정확한 위치도 찾아봅시다.

이렇게 '사라지는 손가락'을 통해서 골반 아래, 허벅지 위에 위치한 고관절의 위치를 정확히 확인할 수 있습니다. 고관절에서 대퇴의 골두가 구르면서 손가락이 사라지는 것입니다.

고관절의 위치에 대한 생각은 구부리는 움직임에 큰 영향을 미칩니다.

아래 세 경우를 비교해 볼까요?

1 다리의 시작점을 허리라고 생각하고 구부리기

2 다리의 시작점을 골반 아래, 허벅지 시작의 바깥 부분(대전자)이라고 생각하고 구부리기

3 다리의 시작을 골반의 중간, 허벅지 시작보다 사선 안쪽이라고 생각하고 구부리기

1번과 같이 다리의 시작점을 '허리'라고 인식하고 다리를 구부리게 되면, 허리 부분에 해당하는 척추인 요추 부분과 복부에 힘을 주어 과도하게 상체를 숙이게 됩니다. 이처럼 필요 이상으로 상체가 숙여지게 되면, 그만큼의 힘을 다리가 받아 주어야 하니 대퇴근이 과긴장하거나, 무릎에 힘을 주는 등 다리의 보상 움직임이 일어나기 쉽습니다.

2번과 같이 다리의 시작점을 '대전자'라고 인식하고 다리를 구부리게 되면, 전반적인 다리와 발 바깥쪽에 불필요한 힘이 들어가기 쉽습니다. 허벅지 바깥쪽뿐 아니라 종아리 바깥쪽에도 힘이 들어가며, 발 역시 새끼발가락 쪽인 외측 족궁 쪽으로 무게가 실립니다.

3번의 경우, 대퇴의 골두가 골반의 소켓과 만나 구르면서 부드럽게 상체가 숙여집니다. 1, 2번보다 3번이 적은 힘을 들여 효율적으로 구부릴 수 있는 이유는 실제 고관절의 위치에서 움직임을 실행했기 때문입니다. 1, 2번은 실제 고관절 관절의 위치가 아닌 곳에서 동작을 수행했기 때문에 당연히 필요 이상의 힘과 에너지, 혹은 보상 운동이 필요하게 된 것입니다. 이처럼 원래의 구조를 이해하고 인식을 바꾸면, 본연의 구조대로 몸을 움직일 수 있습니다. 이는 효율적이고 자유로운 움직임의 시작점입니다.

다리 관절의 효율적인 움직임이 중요하다

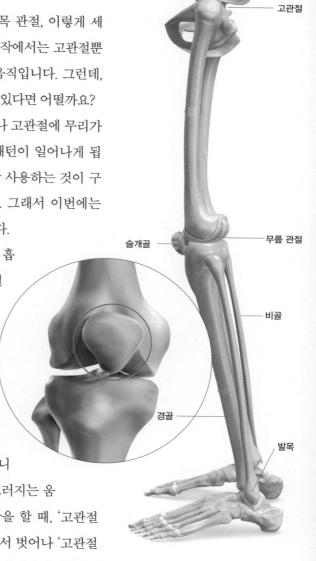

골반

고관절

슬개골

무릎 관절

비골

경골

발목

다리에는 고관절, 무릎 관절, 발목 관절, 이렇게 세 개의 관절이 있습니다. 구부리기 동작에서는 고관절뿐 아니라 무릎과 발목 관절도 함께 움직입니다. 그런데, 만약 구부리기를 할 때 무릎이 잠겨 있다면 어떨까요?

허리에 불필요한 힘이 들어가거나 고관절에 무리가 가는 등 비효율적인 동작의 협응 패턴이 일어나게 됩니다. 그래서 무릎을 효율적으로 잘 사용하는 것이 구부리기 움직임에 매우 중요한데요. 그래서 이번에는 무릎에 대해 자세히 알아보려 합니다.

무릎 관절은 인체 무게의 충격을 흡수해 주는 역할을 합니다. 무릎 관절은 어디에 있을까요?

무릎 관절을 빨간색 동그라미가 그려진 '슬개골'로 알고 있는 경우가 많은데요. 하지만 슬개골은 뼈이지 관절이 아닙니다.

무릎 관절은 슬개골 안쪽에 있는데요. 무릎 관절은 구르는 관절입니다. 때문에 접히는 것이 아니라 미끄러지는 움직임을 합니다. 이에 구부리기 동작을 할 때, '고관절과 무릎을 접는다.'는 잘못된 관념에서 벗어나 '고관절이 구르고, 무릎은 미끄러진다.'고 인지하며 움직인다면 더욱 부드럽고 긴장 없이 동작을 해 볼 수 있습니다.

이렇듯 깊게 파인 볼-소켓 구조로 많은 근육의 지지를 받는 고관절, 몸무게 충격을 흡수해 주는 무릎 관절, 자유로운 움직임과 무게 분산 역할을 해 주는 발목 관절이 함께 협응하면 효율적인 좋은 움직임을 이끌어 낼 수 있습니다.

——— ALEXANDER TECHNIQUE ———

멍키 자세, 긴장통합체를 실현하라

몸의 구조에 따른 역학적 효율을 얻는 멍키 자세

알렉산더 테크닉에서는 전체적인 움직임을 좋게 만들 수 있도록 몸의 구조를 고려해 역학적 효율(mechanical advantage)을 얻는 자세를 활용합니다.

영상 바로 가기

대표적인 몸의 구조-역학적 효율을 얻는 자세가 바로 호흡 챕터에서 경험한 세미수파인 자세입니다. (49쪽 참조) 무릎을 접어서 척추가 길어지며 장력을 얻는 자세인데요. 무릎을 세워서 발을 지지대로 삼고 손을 몸통에 올려 팔꿈치를 지지대로 삼는 세미수파인은 몸의 지지점들이 늘어난 만큼 더욱 더 안정적인 자세가 됩니다. 특히, 골반의 안정성이 높아지고 척추 근육의 길이가 늘어나 척추 사이 디스크 공간이 더 마련됩니다. 이처럼 무릎을 세우는 자세를 통해서 더욱 탄성적인 몸 상태로 회복할 수 있습니다.

세미수파인과 더불어 알렉산더 테크닉에서 **몸의 구조-역학적 효율을 얻을 수 있는 대표적인 자세**가 있습니다. 상체와 하체의 세 관절(고관절, 무릎 관절, 발목 관절)이 함께 구부러지는 '멍키 자세'입니다. (자세라고 명명하나, 구부리는 일련의 움직임 안에서 '잠깐 스쳐 지나가는 자세'로 이해하면 됩니다.) 우리가 매일 일상적으로 반복하는 앉기에서 서기, 서기에서 앉기 동작 안에서 유연하고 탄성적인 몸 상태로 회복하는 동작을 해 볼 수 있습니다.

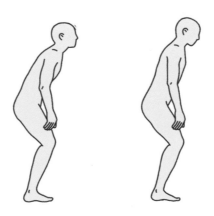

위의 왼쪽 그림과 같이 머리를 꺾고 구부리게 되면 척추를 압박하기 쉽습니다. 이에 머리가 척추를 누르지 않으며 움직임을 진행하는 것이 필요합니다. 오른쪽 그림과 같이 머리와 허리가 꺾이지 않으면서 고관절, 무릎, 발목이 구부러지며 상체가 앞으로 기울여진 멍키 자세가 되면, 자연스럽게 더 척추가 길어지고, 몸통이 더 넓어집니다.

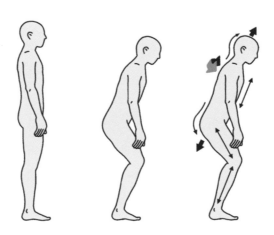

긴장통합체 실현을 도와주는 멍키 자세

멍키 자세는 긴장통합체(tensegrity) 원리
가 적용된 몸 사용을 도와주는 자세로도
이해할 수 있습니다. 앞선 서기 장에서 다
른 척추동물과 달리 직립으로 인해 어려움
에 직면한 인간에 대해 이야기한 바 있습
니다. 수평 구조인 다른 척추동물과 달리
수직 구조인 인간은 '압박' 방식으로 몸을
사용하기 쉽다고 말이지요.

『근막경선 해부학』의 저자 토마스 마이
어(Thomas Mayers)는 인체 골격을 벽돌로 지
은 벽과 같은 연속적인 압축 구조물로 인
식하게 하는 해부학 교육의 문제점을 지적
하기도 합니다.

오늘날 긴장통합체의 개념은 건축에서
뿐 아니라, 인체를 이해할 때도 사용되고

> 긴장통합체: tension + integrity의 합성어로, 구
> 조물 전체에 걸쳐 지속적으로 파급되는 장력
> (tension)들의 균형에 의해 유지되는 구조물을 일
> 컫습니다. 하버드대학 건축학과 교수인 버크민스
> 터 풀러(Buckminster Fuller)에 의해 고안된 신조어
> 입니다.

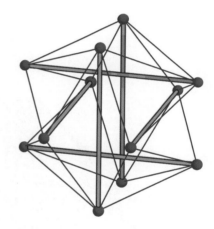

있습니다. 인체 역시 **고강도 내구성을 유지하기 위한 효율**을 이유로, **삼각구조로
이루어진 긴장통합체 구조로 설계**되었다는 것이 밝혀지고 있는데요. 심지어 인체
에서 가장 단단해 보이는 두개골조차도 긴장통합체 구조로 되어 있다고 보고되
고 있답니다.

뼈대로 몸을 인식할 때, 벽돌 건물과 같은 연속적 압박 구조물로 바라보기 쉬
운데요. 서 있는 사람에게서 근육, 힘줄 등 연부조직(soft tissue)을 제거해 버리면 뼈
대는 무너져 내릴 겁니다. 이에 긴장통합체 개념에서는 연부조직의 균형을 골격
의 직립을 유지하는 필수요소로 이해합니다.

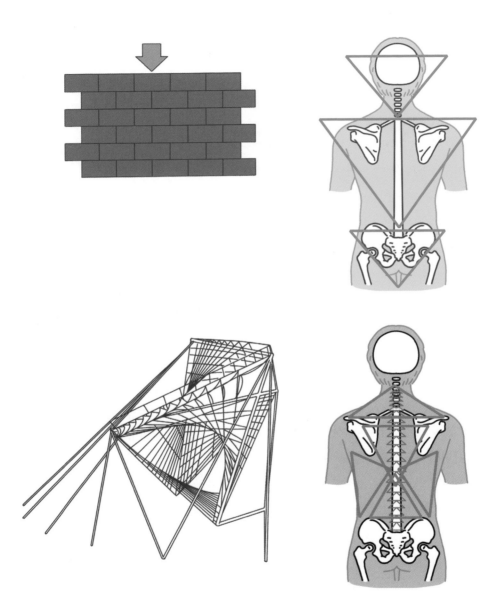

압축 방식으로 사용하는 몸과 긴장통합체 방식으로 사용하는 몸

근막경선 해부학과 알렉산더 테크닉의 연관성 : 근막경선의 개념을 정립한 토마스 마이어가 근육근막의 연속성에 관한 연구를 시작하는 계기가 된 것은 인류학자이자 발생학자, 해부학자였던 레이몬드 다트 박사의 몸통 근육의 이중-나선형(double-spiral arrangement) 관계에 관한 논문을 읽은 것에서 시작되었습니다. 다트의 이중-나선형의 근육 연결 발견을 마이어가 근막경선 안에서 나선선(spiral Line)으로 발전시켜 근육근막의 개념을 정립한 것이지요.

그런데 다트 박사가 근육의 연결성을 발견한 것은 그의 발생학 및 해부학적 연구에 기반한 것이 아니라 알렉산더 테크닉 레슨의 경험에서 영감을 받은 것으로 알려져 있습니다.

지금 현 시대의 주요한 해부학 이론인 근막경선 해부학이 수십여 년 전, 알렉산더 테크닉 교육에서 시작되었다는 것이 반갑게 느껴집니다. 또한 현대의 알렉산더 테크닉을 교육하고 설명하는 데 근막경선 개념이 유용하게 쓰입니다.

관절 간 협응을 활용하라

더 나은 움직임을 찾아가기 위해서는 협응 개념이 반드시 필요합니다. 불필요한 긴장 없이 부드러운 동시에 탄성적인 구부리기 동작을 실현하려면, 특히 하체 안에서 좋은 협응 구조(coordination structure)가 이루어져야 하죠.

협응이란, 신경, 근육, 관절 등 신체 요소가 효과적이고 공동적으로 작용하는 것으로, 협응 구조는 여러 관절에 걸쳐 있는 근육 집합체가 하나의 기능적 단위로 작용하는 것으로 정의할 수 있는데요. (김선진, 『운동학습과 제어』) 하체로 살펴보면 3개의 관절, 즉 고관절-무릎 관절-발목 관절이 하나의 기능적 단위로 함께 공동적으로 움직임을 수행한다는 것으로 이해할 수 있습니다. 쉽게 말해, 몸 안에서 서로 조화로운 상호작용이 일어나야 한다는 것이죠. '협업'과 '팀워크'로 비유가 가능합니다. 만약, 한 팀 안에서 협업이 제대로 이루어지지 않는다면 어떨까요? 맡은 일을 제대로 하지 못하는 팀원이 있다면, 그 팀의 업무는 원활하게 이루어지지 않을 겁니다. 혹은, 업무를 제대로 해내기 위해서는 역할을 수행하지 않는 팀원 대신 다른 팀원이 희생해야 할 겁니다. 이처럼 각각의 유능함도 중요하지만, 하나의 조직 안에서 유기적인 협력을 만들어 내는 팀워크도 매우 중요합니다.

　우리 몸도 마찬가지입니다. 구부리기 동작을 하는데, 고관절이나 무릎이 제대로 구부려지지 않는다면 대신 다른 부위가 그 일을 대신하게 됩니다. 또한 각각의 근육과 관절의 기능이 뛰어나다고 해도, 유기적 시스템 안에서 서로 협력하지 않는다면 좋은 움직임이 일어날 수 없습니다. 때문에, 구부리기 동작에 있어서 고관절-무릎 관절-발목 관절은 하나의 팀으로서 서로 협력하며 조화롭게 움직일 수 있어야 합니다.

───── ALEXANDER TECHNIQUE ─────

더 나은 '앉고 서기'를 위한 활동

실제 서기에서 앉기, 그리고 앉기에서 서기의 예비 활동으로 고관절 위치를 찾아보았습니다. 그리고 고관절과 함께 협응하여 움직이는 무릎과 발목 관절의 관계도 알아보았습니다. 이제 실제적인 구부리기 동작 안에서 서로 유기적으로 협력하는 고관절-무릎 관절-발목 관절을 만나 볼 겁니다.

하나의 팀으로서 서로 협력하며 조화롭게 움직이는 하지 관절 움직임을 상상하면서 따라해 보세요. 서로 멀어지는 방향성을 가지는 머리와 골반, 골반과 무릎, 무릎과 발목을 인식하며 긴장통합체로서의 몸 사용을 시작해 볼 수 있습니다. '긴장통합체'가 실현되듯 탄성적인 동시에 부드러운 구부리기를 경험해 봅시다.

━ PRACTICE ━

서기에서 앉기

영상 바로 가기

의자에 앉으려 할 때 엉덩이를 내밀고 앉게 되면 허리에 부담이 갑니다. 그렇다면 원래 구조대로 앉아서 몸에 무리가 가지 않는 앉기는 어떻게 할까요? 앞서 배운 몸의 구조–역학적 효율 자세를 떠올리며, 긴장통합체로서의 몸 사용을 실현하는 '서기에서 앉기'를 해 봅니다.

❶ 두 발을 30~40도 정도 벌리고 선 상
태에서 발이 바닥에 잘 놓이도록 합
니다.
목의 긴장을 놓아 봅니다. 머리가 앞과
위로 향하도록 허용하면서 뒤꿈치로부
터 더 멀어진 머리를 떠올려 봅니다.

❷ 무릎이 앞과 바깥을 향하도록 허용하
며 살짝 굽힙니다.
무릎은 굽혔지만, 골반과 머리는 서로
멀어지며 생기는 부드럽고도 탄력적
인 장력을 계속 유지합니다. 긴장통합
체로서의 몸을 자각해 봅니다.

❸ 중지를 고관절에 올립니다. 이때, 팔꿈
치는 서로 반대 방향으로 멀어지며 어
깨가 열리고 몸통이 더 넓어지도록 합
니다. 넓게 펼쳐진 상체 안에서 긴장통
합체를 실현해 나갑니다.

❹ 고관절이 굽혀지면서 상체가 앞으로
기울여질 때, 고관절이 굽혀지는 만큼
무릎도 더 굽혀지도록 합니다.

⑤ 고관절, 무릎, 발목이 굽혀진 멍키 자세에 머뭅니다. 머리는 사선 앞 방향, 골반은 반대 사선 방향으로 서로 살짝 밀어내는 힘을 그리며, 서로 간의 장력을 느껴 봅니다.

이때, 숨은 편안히 흐르게 합니다. 또한 머리와 허리는 꺾이지 않게 하여 머리–목–척추–골반이 하나의 연결선 상에 놓이게 합니다.

서는 자세와 비교해서 상대적으로 더 길어진 척추, 그리고 넓어진 등과 어깨를 자각해 봅니다.

⑥ 멍키 자세에서 허벅지 뒤쪽이 의자에 닿을 때까지, 천천히 무릎과 고관절을 더 굽혀 봅니다. 이때, 의자에 앉기 위해 엉덩이를 뒤로 빼지 말고, 허벅지 뒤쪽이 의자의 면에 닿을 때까지 천천히 상체를 숙입니다.

⑦ 허벅지 뒤쪽이 의자에 닿으면, 숙여진 상체를 천천히 폅니다. 상체가 직립 상태로 펴지며 앉기 자세가 완성됩니다. 앉기 자세에서도 골반과 멀어진 머리, 펼쳐진 등을 느끼며, 멍키 자세에서 느꼈던 구조–역학적 효율이 유지되도록 합니다.

• 의자가 없을 때는 '쪼그려 앉기'로도 같은 활동을 해 볼 수 있습니다.

── **PRACTICE** ──

앉기에서 서기

영상 바로 가기

'앉기에서 서기' 활동도 해 봅니다. 머리가 척추를 압박하지 않아 허리나 다리에 부담이 덜
가는 자세입니다.

① 발을 가깝게 하여 두 골반 아래의 좌골이 의자에 잘 놓이도록 앉아 봅니다. 목의 긴장을 놓아 봅니다. 머리가 앞과 위로 향하도록 허용하면서 골반으로부터 더 멀어진 머리를 떠올려 봅니다. 골반을 포함한 몸통이 길어지고 넓어지는 것을 허용합니다.

② 머리가 리드하여 머리 – 목 – 몸통이 앞으로 기울여지는데, 고관절의 움직임과 함께 골반도 앞으로 숙여지게 합니다.
이때, 무릎도 앞과 바깥을 향하게 하여 차츰 좌골에 실려 있던 상체의 무게가 발에 실리도록 합니다.

❸ 발에 체중이 다 실린 시점에 머리가 천장을 향하는 것을 인식하며 점차 일어납니다.

이때, 허벅지나 허리에 과도한 힘이 실리지 않게 하며, 발바닥이 지면을 누르는 힘이 발을 관통하여 다리-골반을 지나 척추 전체를 따라 등으로 연결되어 머리까지 전달되도록 합니다.

❹ 일어나는 중간에 고관절, 무릎, 발목이 굽혀진 멍키 자세에 머뭅니다. 이때, 머리는 사선 앞 방향, 골반은 반대 사선 방향으로 서로 살짝 밀어내는 힘을 그리며, 서로 간의 장력을 느껴 봅니다. 앉는 자세와 비교해서 상대적으로 더 길어진 척추, 그리고 넓어진 등과 어깨를 자각해 봅니다.

⑤ 허벅지 힘으로 다리를 펴지 말아야 합니다. 발이 지면을 살짝 누르는 힘으로 고관절, 무릎 관절, 발목 관절이 펴지면서 서기 자세로 가 봅니다.

서기 자세로 가는 과정에서 등은 뒤로, 머리는 위로 움직여지는 것을 자각합니다.

서기 자세에서도 골반과 멀어진 머리, 펼쳐진 등을 느끼며, 멍키 자세에서 느꼈던 구조-역학적 효율이 유지되도록 합니다.

하루에도 수십 번씩 습관적으로 하는 앉고 서기인데, 이번 활동을 하며 이전과 다른 몸감각적 느낌을 받았을까요? 이처럼 부드럽지만 탄성 있는 몸 사용을 멍키 자세를 통해 만날 수 있습니다. 하체 관절의 협응과 앞서 살펴본 디렉션과 긴장통합체로서의 몸 사용 등을 종합적으로 적용해 볼 수 있습니다.

스포츠와 무용에서도 활용되는 멍키 자세

멍키 자세를 중심으로 의자에 앉기에서 서기, 그리고 서기에서 앉기를 살펴보았습니다. 멍키 자세는 의자에 앉고 서는 과정 안에서만 발견되는 것은 아닙니다. 멍키 자세는 적절하게 구부러진 관절들로 인해서 머리과 골반이 멀어져 척추가 장력 상태가 되면서 보다 탄력적이고 유연한 몸의 협응 구조가 마련되는 구조-역학적 효율의 자세인데요. 그래서 멍키 자세는 몸을 효율적이고, 부드럽게 사용해야 하는 상황에서 이미 빈번하게 활용되고 있습니다. 많은 스포츠 활동과 무용 동작에서도 멍키 자세를 확인할 수 있는데요. 골프의 어드레스, 농구의 드리블, 테니스와 야구의 스윙, 발레의 플리에 동작 등이 그것에 해당합니다.

물건 들기

일상 생활에서도 그간 인식을 못 했을 뿐이지 멍키 자세를 적절하게 활용하고 있습니다. 앉고 서기 동작 외 일상 생활 안에서의 대표적인 멍키 자세는 '물건 들기'입니다. 물건을 들 때, 멍키 자세를 활용한다면 더욱 가볍게 물건을 들 수 있는데요. 반대로, 상체와 하체 세 관절의 구부림 없이 물건을 들게 되면 손목이나 허리에 무리가 갈 수 있습니다. 그럼 응용 동작으로 '물건 들기'를 자세히 만나 보겠습니다.

물건 들기

영상 바로 가기

바닥에 있는 물건을 들려고 할 때도 구부리기 움직임을 사용합니다. 앞서 배워 본 좋은 구부리기 움직임을 일상 속 물건 들기 상황에 적용해 봅니다.

❶ 두 발을 30~40도 정도 벌리고 선 상
태에서 발이 바닥에 잘 놓이도록 합
니다.
목의 긴장을 놓아 봅니다. 머리가 앞
과 위로 향하도록 허용해 뒤꿈치로부
터 더 멀어진 머리를 떠올려 봅니다.

❷ 무릎이 앞과 바깥을 향하도록 허용합
니다. 살짝 무릎을 굽히는 동시에 고관
절도 굽혀져서 상체가 살짝 앞으로 숙
여지게 합니다.

❸ 앞에 놓인 물건을 바라보고, 팔은 힘이 빠진 상태로 늘어뜨려져 있되, 손은 물건을 향하게 합니다.
그리고 물건을 향한 손이 물건에 닿을 때까지 천천히 고관절–무릎–발목을 굽힙니다.

❹ 물건의 손잡이를 잡는데, 너무 꽉 잡지 않도록 합니다. 아주 살짝 물건을 들어 올리며 무게를 가늠합니다.

❺ 다시 물건을 바닥에 내려놓고, 깊은 숨을 뱉은 뒤, 발바닥의 그라운딩을 감각합니다. '꼬리뼈가 사선 뒤쪽을 향한다.'라는 디렉션과 함께 부드러운 탄력을 가진 넓은 등을 감각해 봅니다.

❻ 서서히 하체의 관절들이 펴지면서 서기 자세가 되게 하는데, 다리를 펴는 과정을 통해서 자연스럽게 물건이 들리게 합니다.

물건을 들고 선 자세에서도 골반과 멀어진 머리, 펼쳐진 등을 느끼며, 앞선 활동에서 경험한 멍키 자세의 구조-역학적 효율이 유지되도록 합니다.

CHAPTER 6　　　　걷기

"알렉산더 테크닉 작업의 기초는 하고자 하는 일을 실제로 실행할 때,
사고의 원칙을 우선 추론에 두고, '진행과정'을 실천해 보는 것이다."
— 찰스 셸링턴(노벨 생리의학상 수상자)

"행위를 끝낸다는 생각은 '진행과정'의 시각을 잃어버린다는 것을 의미한다."
— 아이린 태스커(Irene Tasker, 1세대 알렉산더 테크닉 교사)

* 진행과정(means where-by)
: 목적 지향(end-gaining)과 반대되는 개념으로 과제를 수행하는 동안
스스로의 조화로운 운용 과정에 주의를 기울이는 것

——— ALEXANDER TECHNIQUE ———

감정에 따라 '걷기'가 달라진다?

걷기는 대표적인 이동 움직임이라고 할 수 있습니다. 생애 최초 우리가 경험한 이동 움직임은 사지를 이용한 '기기'입니다. 다른 포유류처럼 4개의 다리로 이동했던 아기는 무수히 많은 넘어짐을 통해 근육 과 신경을 발달시켜 '서는' 기술을 획득합니다. 아기는 서기를 토대로 걸을 수 있는 단계로 발달하는데요. 이동을 위해서는 먼저 반드시 한 발로 이동하는 구간을 넘어지지 않고 유지해야 하기 때문에, 서기와 비교해서 걷기는 훨씬 어려운 움직임입니다. 즉 건강한 걷기를 하려면 외발로 무게중심을 잘 잡고 서 있어야 하는데, 돌배기 아이에게는 매우 어려운 과제이지요. 그래서 종종 어린아이들이 뒤뚱뒤뚱 걷는 모습을 보게 됩니다.

그런데 비단 아이뿐만 아니라 성인 중에서도 이러한 모습으로 걷는 사람들이 있습니다. 앞으로 나아가는 걷기라기보다 엉덩이가 옆으로 많이 움직이는 뒤뚱거리며 걷기, 혹은 무게중심이 뒤쪽에 많이 실려서 머리가 끌려가는 걷기의 패턴 등이 나타나는 것이죠.

매일 누구나 하고 있는 걷기라 그 중요성을 간과하기 쉬우나, 걷는 방식이 우리에게 미치는 영향은 생각보다 훨씬 큽니다. 비효율적인 걷기로 조금만 걸어도 쉬 피곤해지기도 하고, 몸을 압박하는 방식으로 걷다 보면 운동 효과를 얻기보다 허리 통증, 족저근막염이 생기기도 합니다.

두 다리가 교차해 움직이고, 앞으로 내딛은 다리와 반대쪽 팔이 균형을 잡으며 앞으로 나아간다는 점에서는 누구나 똑같이 걷는다고 할 수 있습니다. 하지만 사람마다 고유한 필체가 존재하듯, 각지 다른 고유한 '걷기'가 있습니다. 개인에 따라 걷기의 리듬, 즉 보폭, 속도, 타이밍이 서로 다르기 때문이지요.

또한 같은 사람이라도 다양한 상황, 감정에 따라 걷기는 달라집니다. 우울하거나 슬픈 날, 시선은 평소보다 더 아래를 향하며, 걸음 속도는 느리고 무거워집니다. 반대로 행복감을 느끼며 걸을 때는 평소보다 시선은 위를 향하며, 보폭은 커지고 가볍게 걷습니다. 긴장하거나 급한 상황일 때는 빠른 걸음과 함께 좁은 보폭, 관절의 경직이 나타나는 반면, 긍정적 정서일 때는 걸음걸이가 중력 방향과 반대인 위로(항중력 방향) 향하여 가볍고 편하게 걸을 수 있습니다. 이처럼 걷기에는 개인의 생각, 습관, 정서까지도 반영됩니다. (Liqing Cui, Shun Li & Tingshao Zhu, 「Emotion detection from natural walking」)

힘차게 걷는 모습과 처져서 걷는 모습

우리의 삶이 언제나 즐겁고, 행복하며, 평화로운 상태일 수는 없습니다. 누구나 삶은 롤러코스터와 같아서 긍정적 정서와 부정적 정서를 오갑니다. 일상적 삶은 긴장과 이완, 바쁨과 쉼을 오가지요. 그렇다면 여러분이 가진 걷기의 기본값, 즉 평상시의 걷기(급하지도 느긋하지도 않은 상황, 중립적 감정)는 어떤 모습일까요? 이때의 기본값을 어떻게 가져가면 좋을까요?

이번 장에서는 더욱 효율적인 걷기를 위해 걷기의 하위 구성 요소를 이해해 보고, 나아가 경험하는 해부학과 알렉산더 테크닉 관점을 통해 안정적이면서 탄성이 있는 걷기를 실천해 보고자 합니다.

걷기의 하위 구성 이해하기

걷기의 하위 구성요소를 운동학적 관점에서 살펴보면, 크게 지지 단계(stance phase)와 스윙 단계(swing phase)로 구분됩니다. **걷기에서 두 발 지지기는 60%, 한 발 지지기는 40%를 차지**합니다.

앞서, 서기와 비교해 걷기가 어려운 이유 중 하나가 외발로 무게중심을 잡아야 하는 구간이 존재하기 때문이라고 했는데요. 그 구간은 한 발 지지기에 해당되며, 걷기에서 꽤 큰 40%의 비율을 차지합니다. 즉 그림에서 오른발이 뒤에 있을 때, 발가락이 떨어지는 토 오프(toe-off) 지점을 시작으로 오른다리는 공중에서 스윙을 한 후, 오른발이 다시 접지할 때까지의 초기 접촉(initial contact) 지점까지 왼다리는 온전히 무게를 지탱해 주어야 하는데, 그렇지 못하고 불안정한 경우가 많습니다. 스윙 단계가 안정적이려면 우선, 지지 단계에서 말 그대로 탄탄한 지지를 해 주어야 합니다.

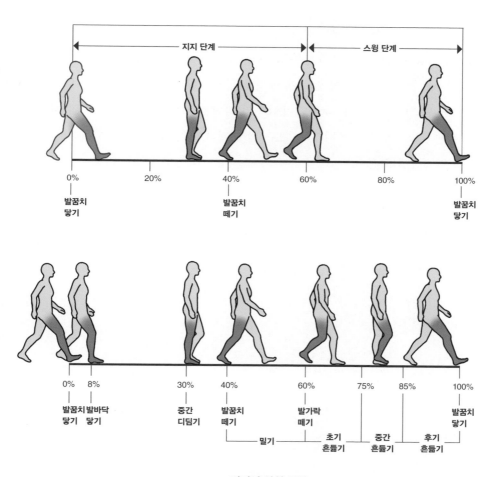

걷기의 하위 구성

　지지 단계의 움직임 구성을 상세히 살펴보면, '발꿈치 닿기-발바닥 닿기-중간 디딤기-발꿈치 떼기-발가락 떼기' 순으로 이루어집니다.

　첫 단계인 '발꿈치 닿기'에서는 부드러운 발목 움직임을 통해 온전히 발뒤꿈치부터 닿는 것이 중요합니다. 이렇게 견고하게 발뒤꿈치부터 딛어야 다음 단계인 '발바닥 닿기'에서 뒤꿈치부터 순차적으로 앞꿈치 쪽으로 움직임이 일어나 무게중심을 부드럽게 옮길 수 있습니다.

그리고 마지막 단계에서 발가락 떼기가 힘 있게 일어나야 **탄성 움직임을 기반으로 추진력을 얻어 스윙 단계가 안정적이면서도 부드러운 이동 동작으로 구현**될 수 있는데요. 여기서 주의해야 할 점은 마지막 동작인 발가락 떼기가 발꿈치 떼기의 영향을 받는다는 겁니다. 즉 발꿈치 떼기가 파워풀하게 시작되어야 발가락 떼기가 추진력을 얻을 수 있습니다. 이때도, 첫 단계와 마찬가지로 역시 발목의 역할이 매우 중요합니다.

두 발에 무게가 균등하게 놓이도록 서서, 평상시 걸음걸이로 앞으로 걸어 봅니다.

☑ 머리가 걷기를 리드했나요? 발이 걷기를 리드했나요?
혹은 다른 신체 부분이 리드했다면 그 부분을 적어 주세요.

_____

_____

_____

☑ 팔은 자연스럽게 다리와 반대로 스윙 움직임이 있었나요?

_____

_____

_____

☑ 걸을 때 엉덩이가 옆으로 빠지나요?

_____

_____

_____

☑ 다리가 대칭으로 걸었나요? 비대칭으로 걸었나요?

_____

_____

_____

☑ 지지 단계에서 뒤꿈치가 닿는 구간이 인식되었나요?

_____

_____

_____

☑ 발이 바닥에 통으로 닿았나요? 뒤꿈치부터 앞꿈치 쪽으로 순차적으로 닿았나요?

_____

_____

_____

☑ 스윙 단계에서 고관절-무릎이 접히는(실제로는 구르는) 움직임이 있었나요?

_____

_____

_____

걷기를 섬세하게 살펴보는 작업이 낯설고 어렵게 느껴질 수도 있습니다. 하지만 다른 사람의 시선이 아니라 자신의 감각으로 걷기를 인식하는 작업은 꼭 필요합니다. 걷기를 자세히 살펴보며 더 좋은 걷기를 찾아가 봅시다.

ALEXANDER TECHNIQUE

경골과 거골, 다리의 협응 이해하기

무게를 받쳐 주는 경골

허벅지가 종아리와 만나는 무릎 관 절에는 구조적으로 재미있는 특이점 들이 있습니다. 마치 종아리에 허벅지 가 얹혀 있는 모습이라는 겁니다. 이러한 구조물 을 이전에도 소개해 드린 적이 있는데요. 의자에 좌골이 앉아 있고, 머리는 경추 1번, 환추에 앉아 있는 모습이었죠.

영상 바로 가기

그렇다면 우리가 서서 걸어가는 모습을 해부 학적으로 살펴보면 어떨까요? 머리는 척추에 앉 아 있고, 허벅지는 종아리에 앉아 있어, 서로가 서로를 단단히 지지해 주고 있는 형태일 겁니다. 이렇듯 인체는 아주 정교하게 디자인된 꽤 견고 하고 안정적인 구조물이랍니다.

또 하나의 특이점은 허벅지의 무게가 종아리 로 내려올 때, 종아리의 두 뼈와 모두 만나지 않 는다는 점입니다. 그림을 통해 허벅지에 해당하

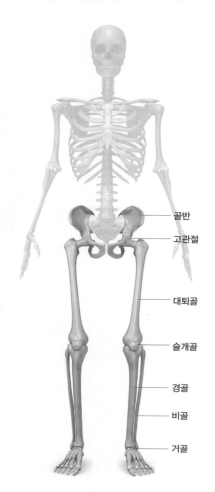

골반

고관절

대퇴골

슬개골

경골

비골

거골

앞에서 본 다리

227

는 대퇴골이 종아리 두 뼈 경골과 비골 중 안쪽에 위치한 경골에 앉아 있는 것을 볼 수 있습니다. 즉 **정확하게 다리의 무게중심축에 위치하고 있는 뼈는 경골**입니다. 경골은 기능적으로도 대퇴골과 거골을 연결해 주며, 무게를 지지해 줍니다. 그에 비해 경골 바깥쪽에 있는 **비골은 균형을 잡아 주는 역할**을 합니다.

발목의 중심, 거골

우리가 흔히 말하는 '발목'은 발목 관절을 의미하는 것입니다. 경골과 비골의 두 종아리뼈와 거골이 이루는 관절인데요.

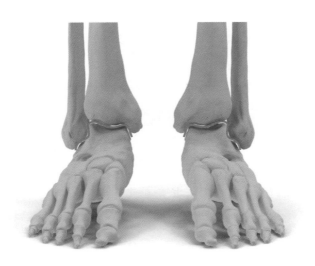

걷기에 있어 필수적인 족배굴곡(발목 굽힘)과 족저굴곡(발목 폄)이 발목 관절에서 일어납니다. 앞서 걷기의 지지 단계에서 '발꿈치 닿기-발바닥 닿기', '발꿈치 떼기-발가락 떼기'에서 발목의 움직임이 특히 중요하다고 이야기한 바 있는데요. 이때 관절을 이루는 발의 뼈인 거골의 역할이 주요하겠죠. 이처럼 **거골은 발뿐 아니라 하지 전체의 움직임에서 필수적인 기능**을 합니다.

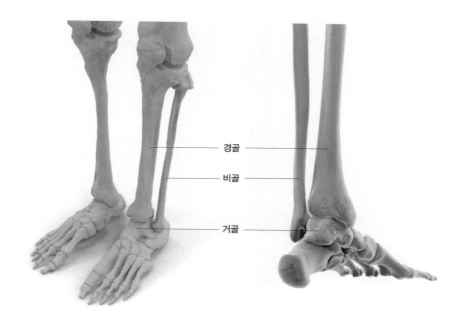

경골

비골

거골

앞/뒤에서 본 발목 관절

종아리를 이루는 두 개의 뼈, 경골과 비골은 각각 다른 위치에서 거골과 만나고 있습니다. 경골은 마치 거골에 앉아 있는 모습이고, 비골은 거골을 바깥에서 감싸고 있는 모습입니다.

거골(距骨)은 '거리를 떨어뜨리는 뼈'라는 의미를 가지고 있는데요. 경골과 종골, 즉 다리와 발뒤꿈치 사이에 공간을 만들어 주는 뼈입니다. 주춧돌로서 무게를 분산시켜 주는 역할을 하죠. 만약 거골이 무게 분산의 기능을 제대로 하지 못한다면, 지면에서 오는 충격을 고스란히 발이 받게 되고, 이는 골반을 따라 척추, 목으로 올라와 긴장을 초래하게 됩니다. 때문에 거골은 인체 전반에 영향을 미치는 아주 중요한 존재입니다.

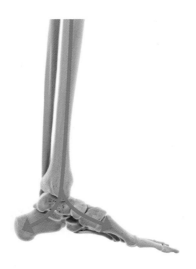

거골로부터의 무게분산

앞서 운동학적 관점에서 살펴본 걷기의 하위 구성요소에서도 발목이 핵심적인 역할을 한다는 것을 볼 수 있었습니다. 그럼 이제 발목을 부드럽게 만들어 주는 활동을 통해서 더욱 좋은 걷기를 찾아보겠습니다.

───────── **PRACTICE** ─────────

누워서 하는 라킹

영상 바로 가기

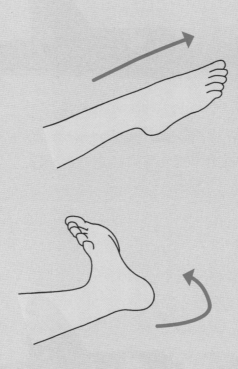

걸을 때 꼭 필요한 발목, 거골의 움직임을 찾아봅시다.

누워서 하는 라킹(rocking) 활동을 통해 발목의 움직임을 섬세하게 느낄 수 있습니다.

① 팔다리를 늘어뜨리고 편안하게 누워서 왼쪽 다리를 접어 줍니다.
바닥에 닿은 오른발 뒤꿈치의 감각을 느껴 봅니다.

② 오른발 뒤꿈치를 바닥에 닻처럼 잘 내려놓고, 천천히 거골로부터 움직임이 시작되어 발등
과 발가락이 정강이로부터 멀어지게 합니다. (발목을 펴는 움직임이 잘 안된다면, 억지로 발만 움
직이려 하지 말고, 부드럽게 움직일 수 있는 가동 범위 안에서 매우 작게 움직여도 됩니다.)

❸ 오른발 뒤꿈치를 바닥에 닻처럼 잘 내려놓고, 천천히 거골로부터 움직임이 시작되어 발
등과 발가락이 정강이 쪽으로 당겨지게 합니다. (발목을 굽히는 움직임이 잘 안 된다면, 억지
로 발만 움직이려하지 말고, 부드럽게 움직일 수 있는 가동 범위 안에서 매우 작게 움직여도 됩니다.)

❹ 굽혀진 발목이 천천히 원래 상태로 돌아오게 합니다.

⑤ 족저굴곡, 족배굴곡 동작을 몇차례 반복하고, 반대발도 동일하게 진행합니다.

활동을 통해 발목(거골) 움직임을 살펴보았습니다. 경험해 본 것과 같이, 발목은 굽히고 펴는 움직임이 가능한데요. 보통 발목을 편다고 표현되는 족저굴곡은 발가락이 정강이로부터 멀어진 움직임이며, 보통 발목을 굽힌다고 표현하는 족배굴곡은 발가락이 정강이 쪽으로 당겨진 움직임입니다.

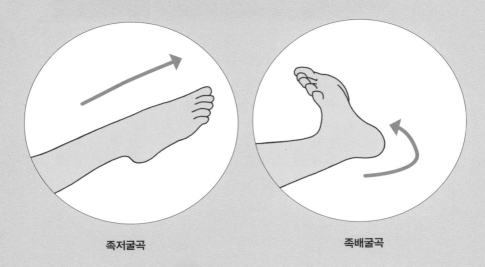

족저굴곡   족배굴곡

─── **PRACTICE** ───

벽을 활용한 라킹

영상 바로 가기

라킹 활동에서도 벽을 활용한 변형 자세가 있습니다. 허리가 불편한 분들은 변형 자세를
활용해 보세요.

❶ 벽 가까이에 누워 무릎이 90도가 되게 하여 두 발을 벽에 붙입니다.

❷ 오른다리부터 발이 벽을 따라 미끄러지게 하여 뒤꿈치가 벽에 닿도록 합니다.

③ 발목을 펴는 족저굴곡 움직임을 벽에서 합니다.
  펴진 오른쪽 발목이 천천히 원래 상태로 돌아오게 합니다.

④ 이번에는 발목을 굽히는 족배굴곡 움직임을 벽에서 합니다.
굽혀진 발목이 천천히 원래 상태로 돌아오게 합니다.

⑤ 동작을 몇 차례 반복합니다. 무릎부터 움직이기 시작해서 원래 자세로 돌아온 후, 왼
발도 동일하게 진행합니다.

ALEXANDER TECHNIQUE

그라운딩, 중력과 친구가 되어 걷자

서포팅 시스템을 이용하라

앞서 걷기의 구조를 설명할 때 스윙 단계가 안정적이기 위해서는 지지 단계에서 탄탄한 지지가 필요하다고 말씀드렸는데요. 즉 안정성이 이동성의 기반이 되는 겁니다. 그렇다면 공고한 안정성을 만들기 위해서는 어떻게 해야 할까요?

영상 바로 가기

알렉산더 테크닉에서는 그라운딩 개념을 통해 지지의 중요성을 설명합니다. 더욱 좋은 걷기의 출발을 안정적인 그라운딩으로 바라보는 것이죠. 지구라는 중력장의 환경에 사는 우리는 반드시 지면에 접지를 해야 하는데요. 비단 인간뿐 아니라 모든 생명체, 자연물은 지구에 잘 뿌리내리고 있습니다.

온전히 무게를 지탱한다는 것이 '다리에 힘을 주고 버틴다.'를 뜻하지는 않습니다. 그런데 보통은 서 있을 때 '안정적으로 무게를 지지한다.'를 '다리에 힘을 주고 있다.'로 실행하는 경우가 많습니다. 이렇게 지지 다리에 긴장을 과하게 주어 제대로 걷기를 시작하지 못하는 경우가 빈번합니다.

오래된 나무는 뿌리가 땅 깊이 내려져 공고한 그라운딩을 실현하고 있습니다. 인간 역시 마치 땅에 뿌리내린 것처럼 발을 통해 온몸의 무게가 지구 지면과 만나고 있지요. 그라운딩을 더욱 근본적으로 이해해 본다면 '지구 중력과 어떻게 관계 맺을 것인가?'라고 설명할 수도 있습니다.

나의 감정은 나의 움직임에 영향을 미칩니다. 만약 바쁘고 힘든 일상에서 만연된 힘들고 부정적 감정으로 무겁게 서고, 강하게 바닥을 누르며 걷는다면 마치 중력은 나를 잡아당기는 적처럼 느껴지기 쉽습니다. 이에 중력을 적이 아닌 친구로 바꾸어 보는 작업이 필요한데요. 좋은 사람과 여가 시간을 보낸다고 하면 발걸음은 절로 가벼워지고 중력은 나를 밀어 주는 친구와 같을 겁니다. 그런데 이런 이상적인 상황과 긍정적 감정은 늘 찾아오는 것이 아닙니다. 환경과 감정에 기대기보다는 '일상에서 어떻게 중력을 친구로 만들까?'에 대해 먼저 생각해 볼 필요가 있습니다. 이럴 때 온전한 그라운딩이 좋은 출발점이 됩니다.

중력–항중력이 존재하는 온전한 그라운딩

무릎에 힘을 주고 다리를 쭉 펴거나, 발에 힘을 주고 바닥을 민다면 중력이 나를 밀어 주는 힘, 즉 지면 반력을 제대로 활용하지 못하게 됩니다. 반대로, 온전히 발이 바닥에 내려지지 않고 발을 몸통 방향으로 약간 당긴 상태로 불안정하게 서 있게 된다면 이 역시 바닥의 지지를 못 받겠지요.

알렉산더 테크닉에서 생각하는 이상적인 그라운딩은 발의 세 무게 중심점이 균형적으로 바닥에 잘 내려진 것입니다. (124쪽 참조) 발이 바닥을 과하게 밀지도 않고, 그렇다고 발을 바닥에서 들고 있지도 않으며, 발에 편안히 무게가 내려진 상태입니다. 즉 중력에 나의 무게가 잘 내려진다면, 중력 크기와 똑같은 항중력이 나를 바닥으로부터 밀어주기 때문에 안정적인 동시에 가벼운 서기가 됩니다. 이는 걷기에서 앞으로 나아갈 때 중요한 추진 요소가 됩니다.

일반적으로 온전한 그라운딩으로 다음과 같은 효과를 기대해 볼 수 있습니다.

> 지면 반력: 지면 위에서 체중 혹은 신체 내의 내력이 지면을 향해 작용하면서, 지면과의 작용·반작용의 법칙이 일어나는 것을 말합니다. 여기서 작용·반작용의 법칙(뉴턴의 제3법칙)은 A물체가 B물체에게 힘을 가하면(작용) B물체 역시 A물체에 똑같은 크기의 힘을 가한다(반작용)는 법칙을 말합니다. 예컨대 총을 쏘면 총이 뒤로 밀리거나 지구와 달 사이의 만유인력이 이에 해당됩니다.

보다 깊은 숨을 쉴 수 있어요.
몸감각 인식이 더 쉬워져요.
몸이 안정적으로 묵직한 동시에, 가볍게 떠오르는 감각도 느낄 수 있어요.
새로운 긴장을 더 빨리 알아챌 수 있어요.
주변 공간을 더 잘 감지할 수 있어요.

이처럼 중력과 평화롭게 관계를 맺으려면 지지하는 다리에서 자유로운 무릎, 자유로운 발목이 온전히 무게를 지탱할 수 있어야 합니다. 때문에 과하게 긴장하지 않은 다리 근육 상태를 가지는 것이 필요하죠. 그럼 이를 실천하기 위한 활동과 만나 보겠습니다.

그라운딩을 활용한 걷기

영상 바로 가기

걸을 때 한 발로 서는 한 발 지지기는 나도 모르게 긴장하기 쉬운 구간입니다. 한 발로 서서 지면을 통해 그라운딩을 감각해 보면 더 나은 걷기에 도움이 됩니다.

❶ 두 발에 무게가 동일하게 실리도록 나
란히 섭니다.
선 자세에서의 디렉션을 상기합니다.
목이 긴장되지 않은 편안한 상태가 되
도록 하여, 머리가 척추 맨 위에서 앞
과 위를 향하도록 합니다. 그로 인해
길어지고, 넓어진 몸통을 인식합니다.

❷ 무릎이 직각이 되도록 오른발을 들고
왼발로 중심을 잡습니다.
들린 오른발로 인해 중심이 깨지는 것
을 너무 조절하지 말고, 흔들림을 허용
합니다.

❸ 들려 있는 발보다 중심을 잡고 있는
발에 더 주의를 기울여 봅니다.
왼발에 있는 세 개의 꼭지점으로 무게
가 분산되어 중심을 잡습니다.
디렉션을 다시 한번 음미해 보며, 왼
발 뒤꿈치로부터 멀어진 머리의 방향
성에 조금 더 인식을 가져갑니다.

❹ 오른다리를 내려놓으며, 다시 두 발로
무게가 동일하게 실리게 섭니다.
선 자세에서의 디렉션을 다시 한번 상
기합니다.
목이 긴장되지 않은 편안한 상태가 되
도록 하여, 머리가 척추 맨 위에서 앞
과 위를 향하도록 합니다. 그로 인해
길어지고, 넓어진 몸통을 인식합니다.

⑤ 무릎이 직각이 되도록 왼발을 들고 오른발로 중심을 잡습니다.

들린 왼발로 인해 중심이 깨지는 것을 너무 조절하지 말고, 흔들림을 허용합니다.

오른발에 있는 세 개의 꼭지점으로 무게가 분산되어 중심을 잡습니다.

디렉션을 다시 한번 음미해 보며, 오른발 뒤꿈치로부터 멀어진 머리의 방향성에 조금 더 인식을 가져갑니다.

⑥ 왼다리를 내려놓으며, 다시 두 발로 무게가 동일하게 실리게 섭니다.

두 발이 각각의 세 개의 꼭지점으로 서 있는 것을 감각합니다.

걷기의 진행과정을 인식하라

걷기의 구조를 세분화해서 살펴보고, 해부학적으로 도움이 될 무릎, 발목 등의 정보를 알아보았습니다. 또한 알렉산더 테크닉의 그라운딩 개념을 통해 중력-항중력의 적용도 탐색해 보았는데요. 분명 도움이 되는 내용이긴 하지만, 이론적 개념이나 해부학 정보를 생각하며 걸으면 더 어렵게 느껴지고, 심지어 이전보다 더 못 걷고 있는 느낌을 받을 겁니다.

이러한 문제 때문에 알렉산더 테크닉에서는 목적지향적인 태도로 행위를 할 때, 자칫 필요 이상의 긴장과 애씀이 생길 수 있으니, **진행과정**(means-whereby)**을 살펴보기**를 권하는데요. 알렉산더 테크닉에서 의미하는 진행과정이란 결과 중심적으로 생각하며 행동하지 않고, **의식을 통한 합리적인 사유에 기반한 행동**을 말합니다. 즉 목적 자체는 잠시 내려놓고, 목적을 이루기 위한 방법의 진행과정에 의식을 두고 천천히 따라가다 보면 목적은 이루어져 있을 것이라는 논리입니다.

앞선 일련의 내용을 통해 이미 진행과정에 초점을 둔 활동들을 경험했는데요. 그럼에도 활동을 했을 때 여전히 과한 긴장이 느껴지거나 의도대로 활동이 되지 않았다면, **진행과정에 대한 충분한 숙고가 이루어지지 않았기 때문**일 수 있습니다.

감각적 경험을 의식하기

F.M. 알렉산더의 친구이자 학생으로 25년간 꾸준히 알렉산더에게 레슨을 받았던 미국의 교육학자 존 듀이는 알렉산더 테크닉의 중요한 개념으로 진행과정과 인히비션을 꼽으며(인히비션은 '몸의 습관' 챕터에서 자세히 살펴봅시다.) 새로운 감각적 경험에 기반한 의식적 실천을 강조하였는데요. 『개인의 건설적 의식통제(*Constructive Conscious Control of the Individual*)』의 서문에서 다음과 같이 기술하였습니다.

"지난 몇 년 동안 알렉산더 테크닉의 실제 작동 방법을 공부한 후,
 F.M. 알렉산더가 새로운 감각 경험에 대한 관찰과 실험의 결과를
 우리 스스로에 대한 생각과 믿음에 적용했다는 것을 이해했다.
 특히 의식을 통한 진행과정의 발견은 우리의 감각 경험을 신뢰할 수 있게
 만든다.
 이 의식이라는 것은 몸 사용에 있어 배제되어 온 것으로, 우리는 대신 신체
 운동, 자세 교정에 의지해 왔다.
 F.M. 알렉산더는 신체-정신, 두 구성요소의 상관관계를 명확히 찾아 주었다.
 또한 삶에 대한 새로운 태도와 습관 형성을 위해 새로운 감각적 의식이
 얼마나 중요한지 알려 주고 있다." (원문 재구성)

이처럼 존 듀이는 '의식을 통한 진행과정의 발견'을 알렉산더 테크닉의 주요한
개념으로 강조하며, 행위 하나하나의 진행과정을 음미하면 우리의 감각이 감각
인식 오류에서 벗어나 점차 신뢰를 회복할 수 있다고 말합니다. 또한 감각을 허용
하고 환경을 수용하여 있는 그대로를 실재적으로 경험할 것을 강조하는데요. 왜
곡된 생각으로 자신과 환경을 바라보지 않고, 실재하는 그대로를 바라보아야 하
며, 그 출발은 의식과 함께하는 감각 경험이라 말합니다.

더 나은 '걷기'를 위한 활동

다소 추상적이고 철학적인 설명으로 진행과정이 어렵게 느껴질 수 있겠는데요. 걷기의 예에서 살펴보면, 걷기는 '앞으로 나아간다.'는 점이 주요한 속성입니다. 이 때문에 걷기를 할 때, 앞쪽 다리에 더 많은 신경을 쓰게 되고, 스윙 구간에만 주목하기 쉽습니다. 그래서 결국, 앞에 있는 다리의 허벅지를 걷기의 에너지원으로 사용하기 쉽습니다.

앞서 살펴본 걷기의 하위요소를 진행과정에 따라 다시 한번 쭉 살펴보면 다음과 같습니다. 걷기는 지지 단계에서 출발하며, 지지 단계는 '발꿈치 닿기-발바닥닿기-중간 디딤기-발꿈치 떼기-발가락 떼기'로 구성됩니다. 이러한 걷기 과정을 찬찬히 음미하며, 지지 단계에서 발꿈치 떼기(heel off) 구간 시, 뒷다리의 종아리 움직임을 걷기의 추진력으로 활용한다면 보다 효율적으로 걸을 수 있습니다.

그럼 걷기의 진행과정을 더 촘촘히 살펴보며 효율적인 걷기를 찾아보겠습니다.

─ PRACTICE ─

진행과정을 활용한 걷기

영상 바로 가기

진행과정과 디렉션을 인지하며 걸으면 원래의 습관에서 벗어나 무게 이동을 섬세하게 감
각할 수 있습니다.

예비 활동

① 두 발에 무게가 동일하게 실리게 하며
  섭니다.

② 오른 무릎이 앞으로 굽혀지게 하면서
  천천히 오른쪽 뒤꿈치를 3~4cm 듭
  니다.

③ 같은 속도로 뒤꿈치를 원래 바닥 위치로 되돌아오게 합니다.
이때, 바닥에 공고히 내려진 뒤꿈치와 반대 방향으로 길어진 머리를 감각합니다.

④ 이 동작을 2~3번 반복하며, 머리와 뒤꿈치를 연결해 주는 근육이 팽팽한 장력 상태가 되도록 합니다.

⑤ 반대쪽도 동일하게 진행합니다.

실제 걷기 활동

1 앞선 예비 활동을 통해 만들어진 장력, 즉 머리와 뒤꿈치의 연결성을 유지합 니다.

2 천천히 오른 무릎이 앞으로 굽혀지며, 순차적으로 오른쪽 뒤꿈치, 오른발이 들리게 합니다.
오른발이 완전히 들렸을 때, 체중은 왼발에 지지되는 것을 감각합니다.
(매우 짧은 시간이지만, 이때 엉덩이에 무게가 무너지지 않게, 머리는 앞과 위 방향을 향하게 합니다.)

3 평소 보폭보다 작게 들려진 오른발이 다시 바닥에 내려지는데, 이때 오른발 뒤꿈치가 닿도록 합니다.

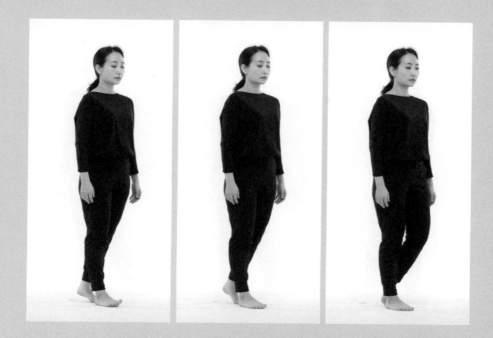

④ 천천히 무게 이동이 왼발에서 오른발로 옮겨지도록 합니다. 오른발 뒤꿈치를 시작으로, 오른 발등 – 오른 발가락으로, 마치 바닥에 발자국을 남길 것처럼 섬세히 진행합니다. 이때, 머리 – 목 – 척추도 이 무게 이동의 길을 함께 따라가도록 합니다.

⑤ 왼쪽 무릎이 굽혀지며 왼발이 앞으로 나오고 발꿈치부터 바닥에 닿게 합니다.

⑥ 왼쪽 발등 – 발가락 순으로 천천히 무게중심이 옮겨 가게 합니다.

⑦ 이 움직임을 반복하며 천천히 걸어 봅니다.

걷기의 구간구간을 의식해 보는 연습입니다. 머리가 척추를 누르지 않고, 편안하고 탄성적인 걷기를 경험할 수 있습니다.

═══ PRACTICE ═══

뒤로 걷기

영상 바로 가기

뒤로 걷기는 일상에서 자주 사용하는 움직임은 아니지만, 걸을 때 몸의 무게 이동을 진행 과정과 함께 순차적으로 감각할 수 있는 좋은 활동입니다. 뒤로 발을 딛을 때, 무게중심이 곧바로 넘어가지 않게 하고, 뒷발의 안정적인 지지가 발–다리–골반–척추–머리까지 연결 됨을 느끼며 서서히 무게를 이동시켜 봅니다.

1 두 발을 무게가 동일하게 실리게 하며
섭니다.

2 오른발을 뒤로 딛는데, 이때, 보폭은
넓지 않게 합니다. (앞발 뒤꿈치보다 뒤에
놓이지 않게 합니다.) 체중은 여전히 왼발
에 실려 있습니다.

❸ 서서히 오른 뒤꿈치까지 바닥에 닿게
합니다. 체중은 여전히 왼발에 실려 있
습니다. 이때, 머리부터 오른발 뒤꿈치
가 하나의 연결된 사선이 되도록, 몸통
이 앞으로 기울여지게 합니다.

❹ 왼발에 실린 체중이 서서히 오른발로
옮겨 가며, 앞으로 기울어졌던 몸통은
바닥과 수직이 되도록 합니다.

⑤ 왼발을 바닥에서 떼어 뒤쪽으로 딛는데, 보폭을 넓지 않게 왼발이 오른발 복숭아뼈 옆쪽에 놓이게 합니다. 체중은 오른발에 실려 있게 합니다.

⑥ 서서히 왼 뒤꿈치까지 바닥에 닿게 합니다. 체중은 여전히 오른발에 실려 있습니다. 이때, 머리부터 왼발 뒤꿈치가 하나의 연결된 사선이 되도록, 몸통이 앞으로 기울여지게 합니다.

⑦ 오른발에 실린 체중이 서서히 왼발로
옮겨 가며, 앞으로 기울여졌던 몸통은
바닥과 수직이 되도록 합니다.

이미 습관이 많이 밴 걷기를 새롭게 인식하는 좋은 방법 하나는 뒤로 걸어 본 후 다시 앞
으로 걸어 보는 것인데요. 걷기의 단계별 구성은 같으나, 그 방향을 반대로 해 봄으로써
걷기를 환기해 볼 수 있고, 또한 무게 이동을 보다 섬세히 느낄 수 있어 진행과정을 음미
하기에도 좋은 활동이 됩니다. 특히 천천히 뒤로 걷게 되면 지지 단계에서 더욱 공고한 그
라운딩 감각을 느낄 수 있는데, 이를 통해 몸 전체의 프라이머리 컨트롤을 잘 느낄 수 있
습니다. 이러한 감각 경험은 걷기에 있어 좋은 지표가 됩니다.

PART 4　　　　　　# 삶의 기술

이 책의 마지막은 삶의 기술로서의 알렉산더 테크닉입니다.
앞선 장들에서는 호흡과 내부 감각, 눕기, 앉기, 서기의 자세들, 나아가 구부리고
걷는 움직임에 대한 알렉산더 테크닉의 개념, 해부학적 이해, 그리고 자각과
의식에 기반한 활동들을 전체적으로 살펴보았습니다. 이것들이 유용한 정보이나
단편적인 운동에 그치지 않고, 내 속에서 실제로 적용되게 하려면 배운 것들을
지속적으로 실천하는 과정이 필요합니다. 이는 이미 내 몸과 마음에 밴
오래된 '습관'을 바꾸는 일이기에 그만큼 어렵게 느껴지곤 합니다.
알렉산더 테크닉에서는 '의지'로 습관이 변화되지 않는다고 이해합니다. 습관을
변화시키는 방법을 자극과 반응의 프레임 안에서 바라보며, 일반적인 '습관을
고친다.'와는 전혀 다른 방식으로 문제를 풀어 나갑니다.
나의 일상적 삶 안에서 매 순간 실천 가능한 삶의 기술로서의 알렉산더 테크닉,
그 구체적인 방법을 몸의 습관과 마음의 습관으로 나누어 만나 볼까요?

CHAPTER 7

몸의 습관

"우리는 직접 미래를 바꿀 수 없다.
단지 오늘의 습관을 선택할 수 있고,
그 선택들이 미래를 바꾸게 된다."

— F.M. 알렉산더

"똑같은 행동을 반복하면서 다른 결과를 기대하는 것은 미친 짓이다."

— 알버트 아인슈타인(Albert Eintein)

───────── ALEXANDER TECHNIQUE ─────────

습관을 바꾸려면 무엇부터 해야 할까?

　습관의 힘은 위대합니다. 매년 새해 호기롭게 새로운 계획들을 세우지만 며칠 못 가서 무너지고, 다시 습관에 굴복당하기 쉽지요. 그래서 작심삼일이라는 말에 고개가 끄덕여지고, 심지어 삼 일마다 새로운 계획을 세우라는 말에 귀가 솔깃해지기도 합니다.

　습관은 같은 상황에서 반복되는 행동의 자동화된 수행을 일컫습니다. 몸과 마음에도 모두 습관이 있지요. 우리 신체에서는 반복에 의한 근육 운동이나 건(腱)과 인대 운동이 정형화되는 것을 말하기도 하고, 넓은 의미로는 주기적으로 반복하는 식사나 수면 습관 그리고 풍속, 문화 등 관습에 대해서도 우리는 습관이라고 부릅니다.

　습관은 자동적, 정형화된 무의식적 행위라는 특성을 갖습니다. 수년에 걸쳐 쌓여 온 개인의 습관, 나아가 우리 문화와 사회가 적게는 몇십 년, 길게는 몇백 년에 걸쳐 이어 온 관습의 힘을 이긴다는 건 당연히 어려운 일인지도 모르겠습니다.

습관이 나를 만든다

　모든 습관이 부정적인 의미를 갖거나 고쳐야 하는 것은 아닙니다. 실은 우리에게 습관이 없다면 살아갈 수 없을 겁니다. 습관을 뜻하는 영어 단어 'habit'의 어원은 라틴어인 'habitus'인데, 수도사가 입는 의복을 뜻합니다. 수도사의 삶이 다른

264

사람들과 비교했을 때, 더욱 정해진 루틴으로 살아가기 때문에, 매일 똑같은 시간, 똑같은 행위를 한다는 의미에서 '습관'이라는 뜻으로 확장되었죠.

　또 하나의 흥미로운 사실은 서식지, 거주지를 뜻하는 'habitat'에서 찾을 수 있는데요. 'habitat'는 'habit'에 장소를 나타내는 접미사인 'at'이 붙어서 만들어진 단어입니다. 주어진 환경에 적응하는 것이 살아가는 데 필수적인 요소임을 보여 주는 말이라고 할 수 있습니다. 그러한 적응의 요소로 자동화된 패턴인 '습관'은 없을 수도 없고, 없어서도 안 될 존재죠. 살아간다는 것은 습관들의 연속이기에, 내 삶의 질은 그 습관들의 결과로 이루어진다고 해도 과언이 아닐 겁니다.

　먼저 나의 습관을 들여다보는 직업부터 시작해 봅시다.

사전 관찰 활동

여러분의 습관들이 마음에 드나요?

내가 생각하는 유지하고 싶은 나의 좋은 습관, 그리고 바꾸고 싶은 나의 좋지 않은 습관들을 한번 적어 봅니다.

☑ 유지하고 싶은 나의 좋은 습관

☑ 바꾸고 싶은 나의 좋지 않은 습관

위에 적은 좋지 않은 습관을 바꾸려면 어떻게 해야 할까요?

보통 우리는 습관을 바꾸기 위해 '의지'를 발동시키려 합니다. 가령, 올빼미형 인간에서 아침형 인간으로 거듭나고 싶다면, 아침 일찍 알람을 맞추는 행동과 함께 호기롭게 실행을 하겠죠. 이 호기로운 실천은 성공할 수도 있겠지만, 다시 알람을 끄고 예전처럼 늦잠을 잘 수도 있습니다. 만약, 밤 늦게까지 일을 하고, 스마트폰을 들여다보고, 야식을 먹는 등 수면을 방해하는 행동을 그만두지 않는다면, 아침에 일찍 일어나는 습관은 너무나 달성하기 어려운, 의지만으로는 되지 않는 일일 수 있습니다.

―――――― ALEXANDER TECHNIQUE ――――――

'몸의 습관' 알아차리기

의지, 다짐, 노력 등은 습관을 바꾸기 위해 무언가를 더하는 접근법이라 할 수 있을 텐데요. 앞서 살펴본 움직임 접근법과 마찬가지로 알렉산더 테크닉에서 제안하는 습관에서 벗어나는 전략은 무언가를 더하는 것이 아니라, **불필요한 것을 그만두는 것을 통해 '하려던 것이 저절로 되어지게' 하는** 것입니다.

여러분이 앞서 떠올려 본 생활습관, 혹은 생각과 감정의 습관을 단번에 고치는 건 매우 어렵습니다. 그래서 알렉산더 테크닉에서는 몸의 아주 작은 행동에서부터 습관을 관찰하여, 변화의 시작점을 찾습니다.

의식하지 못했던 나의 작은 행동 습관을 알아보는 실험을 해 볼까요?

───── **PRACTICE** ─────

의식하지 못했던 습관 의식해 보기

내가 아는 습관뿐 아니라 모르고 있던 습관들도 많습니다. 다음 예시에서 익숙하거나 낯선 느낌들을 찾아보세요.

1 두 팔을 가슴 앞쪽에서 서로 엇갈려 팔짱을 껴 봅니다.

2 어느 쪽 팔이 위에 놓였는지 알아차려 봅니다.

3 오른팔이 위에 놓였다면 왼팔이 위에 오도록, 왼팔이 위에 놓였다면 오른팔이 위에 오도록 팔짱을 바꾸어 껴 봅니다.

반대로 팔짱을 끼는 것이 어렵지는 않았나요? 아마도 부자연스러우며, 어색하고 낯선 느낌이 들기도 했을 겁니다. 그동안 무심결에 수없이 했을 '팔짱 끼기' 역시 무의식적으로 만들어진 습관이었던 것입니다. 그렇기에 반대로 하는 것은 심지어 잘못된 느낌마저 줍니다. 왜냐하면 반복된 익숙한 행위는 나에게 감각적으로 옳다는 느낌을 주기 때문입니다.

우리 몸에서 다른 습관들을 하나씩 찾아볼까요?

지금 이 글을 읽는 동시에, 입과 턱을 관찰해 봅니다.
두 입술은 붙어 있나요, 살짝 떨어져 있나요?
위, 아래 어금니를 서로 꽉 다물어 힘이 들어가 있나요?
위, 아래 어금니 사이에 살짝 공간이 있나요?
턱에 긴장감이 느껴지나요, 그렇지 않나요?
나의 주의를 발로 가져가 봅니다.
두 발은 바닥의 지지를 받고 있나요? 발가락에는 힘이 들어가 있나요, 빠져 있나요?

잘 느껴지나요? 이 실험을 통해 그동안 의식하지 않았던 몸의 감각들에 '주의(attention)'를 기울이게 되었을 겁니다. 이처럼 집중해서 무언가를 할 때, 무의식적으로 내 몸 내부에서 일어나고 있는 패턴 역시 습관으로 이해해 볼 수 있습니다.

알렉산더 테크닉에서 습관의 변화를 바라볼 때, **자각과 의식으로부터 관찰을 가져오는 이유가** 있습니다. **습관이 뇌와 척수, 즉 중추신경계에 자리 잡은 공고화된 패턴이기 때문**입니다. 따라서 '동작적 수준'에서는 습관을 수정할 수 없고, 다시금 원래에 패턴으로 돌아가기 일쑤죠.

가령, 구부정하게 허리를 숙이고 목을 쭉 빼고 앉아 있다고 생각해 봅시다. 구부정한 자세가 안 좋은 자세라는 것을 알고 있는 우리는 보통 허리를 펴고 목을 당기는 행동으로 그 습관을 수정하려고 하죠. 그런데 이러한 수정 행동은 그리 오래가지 못하고 원래 습관으로 돌아갈 겁니다. 왜냐하면 앞서 얘기했듯이 동작적 수준에서 다른 근육을 활성화시키는 방식으로 자세를 수정하는 것은 근본적인 해결책이 되지 못하기 때문입니다.

알렉산더 테크닉에서는 좋지 않은 습관을 수정하기 위해 자극에 즉각적으로 반응하지 않고, **자극과 반응 사이에 의식적 틈을 만드는 방식**으로 접근합니다.

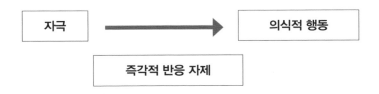

자각, 그리고 선택

몸의 에너지, 마음의 에너지를 과사용하고 있는 우리의 모습을 떠올려 볼까요? 이런저런 창들이 너무 많이 켜져 있는 컴퓨터에 비유해 볼 수 있을 겁니다. 지속적으로 너무 많은 프로그램이 작동된다면, 결국 컴퓨터는 멈춰 버리고 말 겁니다. 멈춰진 컴퓨터를 다시 사용하려면 재부팅을 하는 수밖에 없겠죠. 재부팅해야 하는 상황까지 가지 않으려면 어떻게 해야 할까요? 컴퓨터가 잘 작동하고 있는 상황에서 **먼저 불필요한 창을 스스로 끌 수 있어야 합니다.** 우리 몸과 마음 역시 마찬가지입니다. 과사용하고 있는 몸과 마음을 알아채고 **스스로 멈출 수 있는 선택**이 필요합니다. 그런데 많은 경우, 상황과 감정에 너무 몰입되어 불필요한 창이 켜져 있다는 것조차 알아채기가 어렵죠. 이에 알렉산더 테크닉의 방법론에서 더 실제적인 솔루션을 찾아보도록 하겠습니다.

—————— ALEXANDER TECHNIQUE ——————

인히비션, 새로운 선택을 위한 긍정의 NO

인히비션 개념과 과정 들여다보기

앞서 '아침 일찍 일어나기 위해서는 먼저 수면을 방해하는 일을 하지 않아야한다.'는 예를 통해 알렉산더 테크닉의 인히비션(inhibition) 개념을 가볍게 소개해드렸습니다. 인히비션이라는 말에서 인위적 억제의 개념을 연상할 수도 있지만, 알렉산더 테크닉에서 말하는 인히비션이란 의식적 자제(conscious inhibition)를 말합니다. 즉 일정한 자극에 대한 **습관적 반응의 행위를 하기 전 먼저 자각**하여, 그 행동을 하지 않고 **새로운 옵션을 선택할 수 있음**을 뜻합니다.

신체적 수준에서 불필요한 근육을 활성화하지 않는 것뿐 아니라 심리적 수준에서도 필요 이상의 감정 발현을 멈추는 것으로도 이해할 수 있는데요. 마음의 습관에 대한 내용은 다음 장을 통해 보다 상세히 다루도록 하겠습니다.

알렉산더 테크닉에서 인히비션은 가장 중요한 개념일 뿐 아니라, 최우선적인개념이라고 할 수 있습니다. 앞서 살펴본 디렉션 역시 그 이전에 인히비션이 선행되어야 하는데요. 실제로 F.M. 알렉산더가 '알렉산더 테크닉' 메소드를 고안하는데 9년의 시간이 걸린 것도 이러한 이유 때문이었습니다. 디렉션이 존재하는 몸, 즉 유기적으로 몸을 조율하고 마음과 연결하는 열쇠가 인히비션에 있기 때문이죠. 그만큼 인히비션을 체화하는 데 많은 시간이 필요합니다. 그러니 느긋함을 가지고 천천히 인히비션을 실천해 보는 것이 좋겠죠. 이 점을 꼭 기억하면서 습관을 다루는 방법에 조금 더 다가가 보겠습니다.

준비 단계: 자각

주의 기울이기

인히비션의 출발은 '자각(awareness)'입니다. 컴퓨터에 다시 비유해 보자면, 불필요한 창이 켜져 있음을 알아차리는 것이죠. 자각은 자극이 주어진 그 순간 나에게 '주의(attention)'을 기울이는 데에서 시작해 볼 수 있습니다. 그렇게 주의를 기울여, 어떤 자극을 받을 때 내가 하고 있는 것(숨을 참는다, 목을 긴장한다, 머리를 꺾는다, 급해진다, 짜증이 난다, 불쾌해진다 등)을 알아차린다면, 이는 자극에 자동적으로 바로 반응하지 않을 수 있는 첫걸음이 됩니다.

긍정적 No 해 보기

알렉산더 테크닉에서는 '즉각적으로 반응하지 않기'를 쉽게 'No 해 보기'로 표현합니다. 'No 해 보기' 역시 인히비션과 마찬가지로 원래 하던 대로 나오는 습관적이고 자동적인 반응을 '무조건 참고 억제한다.'는 의미가 아닙니다. 오인하기 쉽기 때문에 섬세한 이해가 필요한데요. 알렉산더 테크닉 1세대 교사인 월터 캐링턴(Walter Carrington)은 인히비션을 **'아니오를 할 수 있는 시간을 허용하기 (allowing time to say No)'**라고 설명합니다. 또한 불필요한 습관이 놓여지는 과정에 시간을 충분히 허용해서 실제적인 '하지 않음(non-doing)'이 실현되어야 한다고 덧붙입니다. (Walter Carrington, 『*Thinking Aloud*』) 이에 알렉산더 테크닉 인히비션의 'No 해 보기'는 부정적인 억제 개념이 아니라 변화된 행동을 이끄는 긍정적 '아니오' 로 이해할 수 있습니다.

고요함과 만나기

바쁘게 살아가는 현대인의 신경계는 늘 활성화되어 있습니다. 상황에 쫓겨서, 감정에 치여서, 혹은 의식조차 없이 자동적으로 특정 자극에 빠르게 반응하기 쉬운 상태죠. 이때 '주의 기울이기'와 '긍정적 No 해 보기'를 통해 나의 자유의지로 '하지 않음'을 선택하면 어떨까요? 끊임없이 활성화되어 있던 신경계가 차분해질 수 있을 겁니다. 일상 속에서 이러한 '하지 않음'이 새로운 행동패턴으로 자리 잡는다면 엄청난 변화가 찾아오겠죠.

알렉산더 테크닉 1세대 교사인 마가렛 골디(Margaret Goldie)는 인히비션을 실천하는 데 있어 '고요함으로 돌아가기(come to quiet)'의 중요성을 말합니다. 습관은 고치려 해도 되돌아가고자 하는 관성의 힘이 엄청난데, 이러한 반응 습관을 바꾸려면 지속적인 '고요함으로 돌아가기' 수련이 필요하다고 강조합니다. (Penelope Easten, 『*Lesson with Miss Goldie*』)

고요함으로 돌아가면 올바른 것은 저절로 일어난다.
이것이 습관을 바꿀 수 있는 열쇠다. 멈춰라, 그리고 고요해져라.
그렇다고 손을 떼지도, 무너지지도, 가수면에 빠지지도,
잠에 빠지지도 말아라.
모든 것은 살아 있다. 너의 뇌는 새로운 디렉션을 기다리고 들을 것이다.

알렉산더 테크닉에서 추구하는 좋은 몸과 마음의 상태는 골디의 표현에서 알 수 있듯이 무기력하거나 수동적인 이완의 상태가 아닙니다. 몸의 긴장과 통증, 마음의 어지러움과 감정의 동요, 혹은 변화되기 어렵다고 인식되는 습관과 패턴을 다룰 때 굴복하거나 도망가지 않고 의식적으로 대면하는 방식입니다. 인히비션의 고요함이 이 능동적인 의식 과정의 문을 열어 줄 것입니다.

실현 단계: 열린 선택의 가능성

자극과 반응 사이 틈의 발견, 그리고 새로운 선택

하지 않음이 실현되어 고요함과 만났을 때, 비로소 우리는 새로운 선택을 할 수 있습니다. 자극에 몰입되어 한쪽으로 쏠렸던 '주의'는 점차 확장되고, 그 열려 있는 '주의' 안에서 나의 생각, 감정, 나아가 행동을 객관화해서 바라볼 수 있지요. 이것은 자극에 대한 반응을 선택할 수 있는 다른 가능성을 열어 줍니다. 즉 자극과 반응 사이에 틈이 만들어진다면, 새로운 옵션을 선택해 볼 수 있습니다.

이처럼 인히비션은 긍정적인 의식 과정입니다. 불필요한 근육의 긴장뿐 아니라 감정 과열 등 마음의 애씀을 스스로 알아차리고, 스스로 놓을 수 있는 시간을 갖게 하여 더욱 효율적인 준비 상태(readiness)를 실현시켜 줍니다.

새로운 몸감각적 경험

앞서 인히비션을 '의식적 자제'라고 정의했습니다. 그래서 일련의 인히비션 과정들을 다분히 두뇌를 활용한 이성적이고 고차원적인 의식 활동으로 생각할 수 있는데요. 의외로 알렉산더 테크닉의 인히비션에서 중요한 부분은 몸감각입니다. 무의식 수준에서 행해지는 자극-반응의 자동적 연결고리를 의식 수준으로 가져올 때는 몸감각을 알아차려야 합니다. 즉 매 순간 존재하는 몸감각적 경험이 '나'를 변화시킬 수 있는 열쇠라고 할 수 있습니다.

준비 단계: 자각		
주의 기울이기	긍정적 No 해 보기	고요함과 만나기
실현 단계: 열린 선택의 가능성		
자극과 반응 사이 틈 발견하기	새로운 선택	새로운 몸감각적 경험

'몸의 습관'을 바꾸기 위한 활동

잘못된 것을 그만두면,
올바른 것은 저절로 일어난다.

F.M. 알렉산더의 이 말은 알렉산더 테크닉의 철학을 대표하는 문장입니다. 인히비션을 압축한 표현이라고 볼 수 있는데요. 습관에 의한 자동적인 반응을 알아채고 그것을 하지 않기는 분명 너무나 어렵습니다. 심지어 내가 하고 있는 행동이 본래적 몸의 운용을 방해하는 잘못된 반응인지, 아니면 본래적 몸의 운용에 따르는 좋은 반응인지조차 구분하기 어렵지요. 이에 앞서 살펴보았듯이 자극이 주어진 순간, 주의를 기울여 현재 내가 하고 있는 것을 알아차리는 단계를 거쳐야 합니다. 그렇게 자극과 반응 사이 틈을 만들어 자동적 반응이 아닌 나의 합리적 사유를 통한 의식적 반응으로 전환하는 작업이 필요합니다.

무엇보다 이 일련의 작업에서는 관념적 활동이 아닌 몸감각적인 경험이 동반된 활동이 핵심입니다. 이제, 구체화된 맥락 안에서 몸감각적인 경험과 만나 보려고 합니다. 앉기 챕터에서 실습해 본 '디렉션과 함께 하는 앉기'를 일상의 맥락으로 가져와 봅니다.

PRACTICE

스트레스 상황에서 앉기

바쁘고 스트레스를 많이 받는 상황에서도 알렉산더 테크닉을 적용할 수 있을까요? 앞에서 배운 것들을 일상에도 적용해 봅니다.

❶ '빠르게 문서를 마무리지어야 한다.'는 상황에 반응하는 몸을 자각해 봅니다.

❷ '긍정의 No'의 메시지를 주면서 해당 반응을 '하지 않아도 괜찮다.'는 생각을 떠올려 봅니다.

❸ 의자에 놓인 골반의 오른쪽, 왼쪽 좌골을 함께 인식해 봅니다.

❹ '내 목의 자유로움을 허용한다.' 혹은 '내 목을 긴장하지 않는다.'를 생각합니다.

❺ '그로 인해 내 머리가 앞과 위로 향하도록 허용한다.' 혹은 '내 머리가 뒤와 아래로 꺾이지 않는다.'가 되게 합니다.

❻ '그로 인해 내 몸통이 길어지고 넓어지는 것을 허용한다.' 혹은 '내 몸통이 짧아지고 좁혀지지 않는다.'가 되게 합니다.

❼ 세 개의 디렉션 문장을 통해, 골반을 기준으로 멀어진 머리와 이 둘을 연결해 주는 척추 사이사이에 만들어진 공간을 인식해 봅니다.

❽ 세 개의 디렉션 문장을 통해 몸의 중심축으로부터 펼쳐진 어깨, 갈비뼈, 골반을 인식해 봅니다.

그다음으로 '앉고 서기' 챕터에서 실습해 본 '앉고 서기'를 해 볼까요?

우울한 상태 혹은 기운이 없는 상태로 앉아 있는데 어쩔 수 없이 일어나야 하는 상황이라고 생각해 봅니다.

❶ '우울한 상태 혹은 기운이 없는 상태'라는 상황에서 몸을 자각해 봅니다.

❷ '긍정의 No'의 메시지를 주면서 해당 반응을 '하지 않아도 괜찮다'는 생각을 떠올려 봅니다.

❸ 의자에 놓인 골반의 오른쪽, 왼쪽 좌골을 함께 인식해 봅니다.

❹ '내 목의 자유로움을 허용한다.'를 생각합니다.

❺ '내 머리가 앞과 위로 향하도록 허용한다.'를 생각합니다.

❻ '내 몸통이 길어지고 넓어지는 것을 허용한다.'를 생각합니다.

❼ '무릎이 앞으로 향하며, 두 무릎이 서로 멀어져 있는 것을 허용한다.'를 생각합니다.

❽ 골반으로부터 멀어진 머리를 인식하면서 머리가 리드하여 머리 – 목 – 몸통의 연결성을 느끼며 천천히 일어납니다.

'앉기'와 '앉고 서기'를 실제 삶 안에서의 구체적인 맥락 속에서 인히비션과 함께 실천해 보았습니다. 물론 이 전에도 인히비션 없이 했던 것이 아니라, 우회적인 방식으로 인히비션을 제안했었는데요. 그러나, 인히비션의 개념을 이해하고 더욱 주의를 기울이고 자각하여, 고요한 가운데 능동적으로 선택된 몸감각적 경험을 하는 것과 그렇지 않은 것에는 분명 차이가 있습니다. 앞서 했던 '앉기'와 '앉고 서기', 그리고 이번 장에서 다시금 해 본 '앉기'와 '앉고 서기'를 비교하여 음미해 보길 바랍니다.

CHAPTER 8　　　　　　**마음 습관**

"마음은 바람과 같고, 몸은 모래와 같다.
　그래서, 만약 네가 바람이 어떻게 불고 있는지 알고 싶다면, 모래를 보아야 한다."
　— 보니 베인브릿지 코헨(Bonnie Bainbridage Cohen)

"나의 유일한 목표는, 그대 내면의 템포가 지금의 이 시간과 함께 흐를 수 있도록
　스스로 조절하는 것을 돕는 일입니다."
　— 마조리 바로우(Marjorie Barlow, 1세대 알렉산더 테크닉 교사)

감각, 생각, 감정이 마음 습관을 만든다?

우리의 몸과 마음은 분리되어 작동하지 않습니다. 하지만 역사의 흐름 안에서 보면 '심신이원론'이 받아들여지던 시기도 있었고, 다른 생명체보다 고등생물인 인간의 '인지 활동'이 '신체 활동'보다 더 주요하게 다루어지기도 했습니다. 오늘날에는 '심신일원론'과 함께 마음과 몸, 즉 **사고하는 인간과 행동하는 인간이 다르지 않다고 여겨지고, 몸과 마음이 함께할 때 비로소 온전한 '나(self)'로 존재할 수 있다**고 생각하는 사람이 많아졌죠.

그런데 여러분은 나라는 존재가 생각하고 사유하는 존재일 뿐 아니라 감각하고 느끼고 행동하는 존재라는 것을 얼마나 잘 알고 있나요? 종종 사유하는 것이 더 중요하다는 생각에 빠지지는 않나요? 그래서 끊임없이 감각하는 나, 움직이는 나에 대한 환기가 필요한지도 모르겠습니다.

마음의 습관을 인식하는 일은 비단 하나의 요소에 의해서가 아니라 감각, 느낌과 감정, 생각, 움직임 수준에서 함께 일어납니다. 이제, 이 요소들이 어떻게 서로 영향을 주고 받는지 섬세히 살펴보도록 합시다.

몸과 마음이 함께하여 매 순간의 경험을 만든다

붐비는 시간, 사람들이 꽉 찬 지하철을 탄 상황을 떠올려 보죠.

모르는 사람들이 내 앞, 옆, 뒤를 꽉 채우고 있는 공간적 제약 안에서 신체적 압박을 받으면 이는 불쾌한 감정 혹은 짜증으로 연결될 겁니다. 만약 이런 붐비는 지하철을 한 시간 동안 꼭 타고 가야만 하는 상황이라면, 내가 이 상황을 통제할 수 없다는 생각에 그 불쾌감과 짜증은 배가 되겠죠. 그러면 숨은 더 얕아지고, 몸은 더 긴장되기 쉽습니다.

이처럼 우리는 주변 자극에 감정적으로 반응하기 쉬운데요. 심지어 과거 붐비는 지하철 안에서 옆 사람과 불쾌한 경험을 한 적이 있다면, 그 기억까지 함께 떠올라 부정적인 감정이 더 커질 것입니다. 그러면 근육이 과긴장되는 등 신체적 반응도 더해지겠죠. 이처럼 반응은 기억, 감정, 인지가 뒤섞여 신체적 반응으로 함께 일어납니다. **몸과 마음의 요소들이 서로 상호작용하며, 매 순간 나의 경험을 만들어 나가고 있는 겁니다.**

생각이 만드는 긴장

위 지하철 사례에서 부정적인 느낌과 감정이 커지는 원인 중 하나는 **'이 상황을 내가 통제할 수 없다.'는 생각**이라고 볼 수 있는데요. 상황과 자극을 내가 조절할 수 없다는 생각은 '불편한 환경은 변하지 않는다.'로 귀결되고 이러한 **생각의 고착은 몸의 고착, 즉 몸의 긴장을 만들어 냅니다.**

우리의 뇌는 이미 알고 있거나 변화시킬 수 없다고 판단하게 되면 내재된 생각-운동 신경회로를 작동시켜 습관적 반응을 산출한다고 알려져 있습니다. 이에 습관적 반응에서 탈출하려면, 경험을 통해 알고 있는 것을 만났을 때 빠르고 효율적인 기존의 방법대로 하려는 뇌의 자동적 반응에서 먼저 빠져나올 필요가 있습니다. 이어지는 활동에서 더욱 상세히 만나 보도록 하겠습니다.

—— ALEXANDER TECHNIQUE ——

'마음 습관'을 바꾸기 위한 활동

진행과정을 인식하여 습관에서 탈출하기

늘 고정된 자세를 취하는 사람은 성장하지 못한다.
알렉산더 테크닉을 배우고 균형 상태를 경험한 사람은
일주일 전의 바른 자세와 오늘의 바른 자세가 같을 수 없다.

F.M. 알렉산더는 『알렉산더 테크닉, 내 몸의 사용법』에서 골프 코치로부터 "끝까지 공을 보라."는 코칭을 받아도 계속 공을 주시하지 못하는 선수의 사례를 통해 습관에서 탈출하는 방법을 제안합니다.

코치의 가르침을 따르려는 생각에도 불구하고 공을 보지 않는 습관을 버리지 못한다면, 이는 목적지향(end-gaining)의 패턴에서 벗어나지 못하기 때문이라고 설명합니다. 우리는 우리에게 익숙하게 느껴지는 것을 '옳다'고 느끼는 경향이 있는데요. '나에게 옳다.'는 느낌을 주는 이러한 감각 경험이 오랜 시간 쌓여 왔기 때문에, 아무리 외부에서 적합한 가르침을 주어도 바뀌지 않는다고 합니다. 이로부터 벗어나기 위해서 F.M. 알렉산더는 '진행과정'을 면밀히 관찰할 것을 제안합니다.

먼저, 공을 잘 치겠다는 생각과 연합된 행동, 즉 생각-운동 반응의 연결고리를 끊고, 내가 공을 치기 전에 어떻게 행동을 하는지 섬세히 알아보아야 합니다. 그런데 이 과정이 말처럼 단순하거나 쉽지 않습니다. 생각이 온통 공을 잘 치겠다는

'결과'에 쏠려 있는 선수에게 공을 치는 순간순간의 '과정'을 보게 하는 것은 무척 어려운 일이죠. 이에 알렉산더 테크닉에서는 순간순간의 진행과정을 보는 방법 중 하나로 몸감각을 관찰하는 방법을 추천합니다.

내 몸 내부에서 제공하는 근감각적인 피드백은 공을 치겠다는 생각이 어떻게 실제적 동작으로 연결되는지 세밀하고 구체적인 정보를 제공해 줍니다. 이러한 근감각적 피드백을 관찰하는 것은 순간순간의 자각, 깨어 있음을 실천할 수 있는 좋은 방법이죠. 즉 실재하는 객관적인 근감각적인 정보에 나의 주의를 기울일 수 있다면, 공을 잘 치겠다는 생각은 물론, 단지 익숙하기 때문에 '옳은 것 같은' 느낌을 주지만 실제로는 도움이 되지 않는 상태에서 빠져나올 수 있습니다.

알렉산더 테크닉에서는 실재하는 근감각적 정보를 관찰하는 방법을 통해 **습관적인 나의 반응(reaction)을 의식적인 행동(response)으로** 바꿔 볼 수 있습니다. 이를 하나의 도식으로 표현하자면 아래와 같습니다.

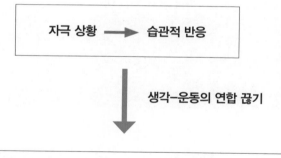

붐비는 시간 지하철 타기 시뮬레이션

붐비는 시간 지하철 타기 활동을 실습으로 더 자세히 만나 봅니다.

① 오전 8시, 사람들로 꽉 찬 지하철에 타고 있어 앞, 뒤, 양옆으로 모르는 타인들이 내 몸과 맞닿아 있는 상황을 떠올려 봅니다.
그 상황을 시뮬레이션 해 보며 느껴지는 몸의 감각, 느낌, 생각을 떠올립니다.

② 타인과 밀접해 서 있는 나의 위치, 그리고 좁은 공간에 가 있기 쉬운 주의를 지금 나의 호흡과 함께 움직이고 있는 '나의 갈비뼈'로 가져가 봅니다.
들숨과 날숨에 의해 갈비뼈가 양동이 손잡이처럼 혹은 가벼운 깃털처럼 움직이고 있음을 인식합니다. 동시에 비록 나의 외부 공간은 좁으나, 나의 내부에는 꽤 많은 공간이 이미 있었음을 발견해 봅니다.

③ 타인과 밀접한 옆 공간에 주의를 기울이고 있을 나의 초점을 지면을 디디고 있는 '나의 발'로 옮겨가 봅니다.
나의 두 발 사이에 꽤 넓은 공간이 있었음을 인식해 봅니다. 지하철의 움직임에 따라 미세하게 균형을 맞추고 있는 발의 내부 감각에 초점을 맞추어 봅니다.
발의 무게중심이 옮겨질 때마다 다리, 골반, 척추, 머리 전체가 함께 이동되는 것을 관찰하며 나의 근육 움직임이 주는 피드백 정보를 받아 봅니다.

• **실제 상황에도 적용해 보세요.**

시뮬레이션을 통해 몸감각을 재발견하면 실제로 붐비는 지하철 안에서도 스트레스를 덜 받을 수 있습니다.

인식을 전환하여 긴장에서 균형으로 변화하기

연습 때는 완벽에 가까운 연주를 하는데, 무대에만 오르면 실수를 하는 연주자, 큰 시합 때마다 과도한 긴장을 해서 제 기량을 발휘하지 못하는 운동선수, 남 앞에서 발표할 때마다 불안해지는 학생과 직장인들을 많이 볼 수 있습니다. 이러한 불안과 공포도 '마음의 습관'이라 할 수 있는데요. 알렉산더 테크닉에서는 이런 분들에게 인식 전환을 통한 마음의 변화를 제안합니다.

불안과 공포 상황은 투쟁-도피 반응이 발동되는 상황입니다. 자율신경계가 각성 상태·교감 상태여서 심장박동은 빨라지고, 동공은 확장되며, 근육은 과긴장 상태가 됩니다. 생리적 반응기제가 경계 상태가 된 것이죠.

연습 상황에서 좋은 기량으로 연주하고 운동하고 발표했다면, 그 사람은 그만큼의 수행 능력을 가지고 있는 것입니다. 실전 상황이라고 해서 갑자기 수행력을 잃은 것이 아니라 이미 가지고 있는 수행 능력이 발휘되지 못하는 것인데요. 이미 갖고 있는 수행 능력을 발휘하지 못하는 이유는 **상황을 인식하는 나의 '생각'이 바뀌었기 때문**일 겁니다. 잘 해내야 한다는 '생각'이 정신적·생리적 변화를 일으켜 불안이라는 정서, 느낌과 함께 신체적 과활성화 반응을 만들어 내는 것이죠. 이러한 과도한 교감 상태에서의 수행은 불안정해지기 쉬워 실수를 만들고, 이런 실수의 경험이 기억으로 자리 잡으면, 실전에서의 불안 상태가 공고화되어 습관으로 정착합니다.

과긴장 상태에서 이를 자율신경계의 반대모드인 부교감 상태로 전환시켜 곧바로 이완 상태가 되는 것은 불가능합니다. 이에 알렉산더 테크닉이 제안하는 방식은 **인식의 전환**입니다. 이를 통해 **과긴장 모드에서 균형 모드로의 변화**, 즉 과하지 않은 적당한 교감 상태를 만들어 일을 잘 수행해 낼 수 있게 하는 것입니다.

그리하여 알렉산더 테크닉에서는 불안 상황을 벗어나려는 노력을 바로 행동으로 옮기는 식으로 접근하기보다는 불안 상황을 유발한 첫 단계였던 나의 '생각'

을 환기하는 방식으로 접근합니다.

앞서 공을 주시하지 못하는 습관을 가지고 있는 골퍼의 예를 통해 목적지향과 진행과정을 소개해 드렸습니다. 이러한 동작적 습관보다 감정적 습관은 더 적용이 어렵겠으나, 같은 방식으로 접근해 볼 수 있습니다.

실전 상황에서 초점은 '잘 해내고 싶다.'는 식으로 결과에 의미가 있기 쉽습니다. 이에 그 초점을 수행을 하고 있는 '지금'으로 가지고 와야 합니다. 현재적 시점의 '진행과정'으로 초점을 맞춰 보는 겁니다. 앞선 골퍼에 예에서는 실제 행동을 하는 동안, 운동감각을 관찰하는 방법으로 진행과정을 탐색하는 전략을 소개해 드렸는데요. 이미 불안한 상황으로 인해 교감신경이 과활성화된 경우라면, 운동감각을 관찰하기보다 나에게 편안한 경험을 전해 줄 수 있는 환경적 정보를 떠올려 보는 것이 좋은 방법이 됩니다.

가령, 심장박동 소리가 너무 크게 들리는 느낌이 든다면 내 머리로부터 천장까지의 높고 넓은 공간을 인식해 봅니다. 그리고 점점 더 불안해지는 느낌이 든다면 나를 받쳐 주고 있는 바닥의 공고한 지지를 인식해 봅니다. 이런 식으로 나의 생각을 환기시켜 지금 여기로 가져올 수 있습니다.

이러한 인식의 환기는 호흡의 질을 개선시키고, 과긴장되었던 근육이 조금씩 풀어지게 해 주는데요. 긴장이 놓이면서 근육의 미세한 움직임이 살아나 점차 균형 상태를 찾아가고, 자세 항상성 매커니즘을 회복하게 됩니다. (128쪽 참조) 이렇게 움직임의 협응력, 조절력이 개선된다면 자연스럽게 자율신경계도 점차 안정성을 찾아갈 수 있습니다.

무대 공포증 상황 시뮬레이션

발표나 공연을 앞두고 있으면 누구나 떨리고 긴장하게 됩니다. 이럴 때는 공간을 재발견해 주면 좋습니다.

❶ 대극장 무대 청중 앞에 선 가수나 발표자가 된 상황을 떠올려 봅니다.
그 상황을 시뮬레이션 해 보며 느껴지는 몸의 감각, 느낌, 생각을 떠올립니다.

❷ 빠르게 뛰는 심장, 과활성화된 시각 등 내부에 집중된 인식을 의도적으로 외부의 공간
으로 가져가 봅니다.
나의 머리에서 천장 사이의 공간을 인식해 봅니다. 내 몸의 오른쪽 면에서부터 오른
쪽 벽, 그리고 몸의 왼쪽 면에서부터 왼쪽 벽까지의 공간을 인식해 봅니다.

❸ 바닥에 접촉된 두 발의 그라운딩을 느끼며, 나아가 지구 중심점으로의 연결을 생각합
니다. 지구 중심점으로부터 발까지의 깊은 공간적 지지를 인식합니다.
지구 중심점에서 천장까지의 공간도 총체적으로 인식합니다.

❹ 지금까지 나를 둘러싼 외부 공간에 주의를 두었다면, 이번에는 청중을 향해 주의를 가
져갑니다.
긴장된 상황에서 초점시로 시야가 좁아진다면, 나에게는 환경시도 있음을 떠올리며,
더욱 넓은 시야를 가져 봅니다. 시선은 관객에만 두지 말고, 보이는 관객을 넘어선 공
간까지 확장해 봅니다.

❺ 노래를 하거나 말을 시작하기 전에 인히비션을 떠올립니다.
'긍정의 No 메시지'와 함께 즉각적인 반응들을 '하지 않아도 괜찮다.'라는 생각을 합
니다.

❻ 목, 머리, 몸통의 디렉션을 허용하며 노래나 말을 시작합니다. '소리를 관객이 있는 방
향 쪽으로만 낸다.'라는 생각을 환기하고 '나의 뒤 공간으로도 소리를 낸다.'라고 생각
하며 활동을 이어갑니다.

이미 불안이 심화된 상황이라면, 과활성화된 운동감각을 관찰하기보다는 나를 둘러싼 외

부적 환경 공간을 인식해야 합니다. 나아가 타인을 내 공간의 연장선상으로 확장하여 안정적인 지지를 외부로부터 가져오는 것이 효율적인 전략이 될 수 있습니다. 그런 뒤에 외부의 지지를 바탕으로 점차 내부 감각에 인식을 가져가고, 인히비션 과정을 하나씩 실천해 본다면, 불안과 공포는 점차 줄어들어 연습 상황과 같이 나의 기량을 충분히 발휘할 수 있습니다.

마음 습관을 바꾸는 근본적 방법

내 삶 속에서도 순간순간 조금씩이라도 인히비션과 진행과정을 실천한다면, 고착화된 몸과 마음의 습관이 사라지고, 몸과 마음이 상호 소통하는 존재로서의 '나'가 될 수 있겠죠. 내가 제어할 수 있는 것들에 주목함으로써 **스스로에 대한 불안감은 점차 신뢰감으로** 바뀌고, **'할 수 있다.'는 긍정의 마음** 또한 자라나게 됩니다. 이처럼 알렉산더 테크닉을 통해서 자기 자신에 대한 마음이 달라지는 것, 그래서 이전과는 다른 태도로 스스로를 대할 수 있는 것, 이것이 어쩌면 오래된 몸과 마음의 문제를 스스로 해결하는 근본적 방법이 되는 것 같습니다.

나오며

호흡과 이완, 자세와 움직임, 습관과 삶의 기술로서의 알렉산더 테크닉까지 만나 보았는데요. 마지막은 조금 추상적인 주제이지만, '지금 이 시대를 어떻게 살아갈 것인가?'로 글을 맺을까 합니다.

'지금, 여기, 현재의 나'로 존재하는 것(presence)은 기원전부터 지금까지 언제나 화두였습니다. 하지만 문명이 발달하면서 '깨어서 자각하는 나'로 현재를 살아가기가 더 어려워지지 않았나 싶습니다. 요즘엔 더욱 그렇지요. 멋진 미술품, 경이로운 자연과 만날 때, 현재 나의 감각을 통해 실제로 느끼고 경험하는 대신 핸드폰 사진과 카메라로 기록하고 저장하기에 바쁜 건 아닐런지요.

SNS 시대, 매체들에 중독된 우리들은 나의 본질보다 보여지는 나에 치중하기 쉽습니다. SNS를 통해 보여지는 타인의 멋진 모습에 비교되는 나의 현실에 의기소침해지기도 하고, 그래서 나의 모습을 더 극적으로 각색하고 포장하기도 합니다.

'상실되는 본연의 나', 이것이 어쩌면 현대의 우리에게 익숙한 긴장과 통증, 불면증, 우울증, 공황장애 등의 근본적인 이유인지도 모르겠습니다. 그래서 이 시대의 현존은 비단 철학적이고 종교적인 질문이 아니라 생존을 위한 현대인들의 필수 질문으로, 다양한 분야에서 논의됩니다.

에이미 커디(Amy Cuddy) 교수는 자신의 저서 『현존(Presence)』에서 현존의 정의를 자신의 진정한 생각, 느낌, 가치 그리고 잠재력을 최고로 이끌어 낼 수 있도록 조정된 몸과 마음의 상태, 모든 감각이 동시에 한 가지로 동의된 상태, 말, 얼굴표정, 자세, 움직임이 일체화되어 동기화(synchronization)된 상태라고 말합니다. (Amy Cuddy, 『Presence』)

현존의 개념을 정신적 차원에서만 설명하는 것이 아니라 모든 감각이 동기화된 상태, 몸과 마음이 함께 존재한다고 보는 점이 인상적인데요. 알렉산더 테크닉의 관점에서 감각 인식 오류 없이 있는 그대로의 나를 감각적으로 느끼고, 합리적으로 사유하려는 것과 맥을 같이합니다.

모든 감각이 동시에 한 가지로 동의된 상태가 실현하기 어렵게 느껴질 수 있는데요. 지금까지 경험한 눕기, 앉기, 서기, 걷기 등의 활동에서도 감각적 동의에 기반한 움직임을 지향했으니, 그 경험을 한번 떠올려 보면 어떨까요? 이렇게 평범한 일상의 생활 자세와 움직임에서 여러 감각이 동시에 한 가지로 동의된 상태를 느끼다 보면, 현존감이 조금씩 쌓이면서 삶 전반에서도 현존 상태가 늘어나게 될 겁니다.

매 순간 조율되는 몸과 마음으로 살아가기

알렉산더 테크닉에서 말하는 '포이즈(poise)'는 비단 자세, 신체 움직임뿐 아니라 마음, 감정 운용을 포함해 삶을 살아가는 태도 전반에 있어서도 알렉산더 테크닉의 지향점이라고 할 수 있습니다.

포이즈는 설명이 쉽지 않은 단어인데요. 일반적으로 균형을 뜻하는 밸런스(balance)와 비교해 보면, 정적 균형을 넘어서 동적 상태, 즉 흔들림이 존재하는 균형 상태로 설명됩니다. 가령 손가락 끝에 달걀을 올려놓고 균형을 잡는다고 생각해 볼까요? 달걀은 고정된 것처럼 보일지도 모르나, 실은 아주 미세하게나마 흔들리며 중심을 잡아 나가고 있을 겁니다. 이처럼 알렉산더 테크닉에서 지향하는 삶을 살아가는 주요한 태도가 바로 **'흔들림을 허용하라.'**입니다.

앞서 이해한 자세 항상성, 즉 안정적 휴지기 상태(steady resting state)로 변화하는 환경에 맞추어 끊임없이 적응해 나가고 있는 것은 비단 신체 자세에만 국한되는 것은 아니겠지요.

고정되고 뻣뻣한 모습에서 벗어나 흔들림이 허용된 자유로운 상태의 자세와 움직임은 긴장된 생각을 놓는 것에서부터 시작됩니다. 이 긴장에서 벗어난 열린 생각은 자유로운 감정 표현, 유연한 타인과의 소통, 나아가 세상과 관계 맺기로 확장될 겁니다.

이처럼 허용된 마음은 신체 자세와 움직임을 넘어서 감정, 관계, 삶을 살아가는 태도 전반에 이르기까지 커다란 영향을 줍니다. 유연한 마음과 생각은 누구나 지향하는 덕목일 테지만 그 실천이 말처럼 쉽지는 않습니다. 오히려 '나'라고 규정한 틀 안에 갇히기가 더 쉬운 게 현실입니다.

'나'를 규정하는 틀에서 벗어나기

사람들과 함께 이 사회를 살아가는 데 나를 규정하는 틀은 물론 필요합니다.

단편적으로 저를 예로 들어 보자면, 40대 여성으로 한국에서 살아가면서 움직임과 마음, 표현을 연구하고 가르칩니다. 한국인, 40대, 여성이라는 저를 규정짓는 틀과 연구자, 교육자라는 역할 모델이 저에게 어딘가에 속해 있다는 안정감과 소속감을 주는 한편, 제한과 규제를 만들기도 하지요.

여러분을 규정하는 틀, 역할 모델은 어떠한가요? 이 틀이 생각을 고정시킬 뿐 아니라 행동과 태도에도 제한을 주지 않을까요? 여러 틀 중에서, 대표적인 것들을 살펴보고, 알렉산더 테크닉의 관점에서 거기서 벗어날 수 있는 방법을 알아볼까 합니다.

1) 나이: 에이징(aging)

노화에 대한 이미지는 어떤가요? 나이가 들면 허리가 구부러지고, 눈이 침침해지고, 아프고 기운이 없다는 이미지는 사실일까요? 늙음에 대한 우리의 고정관념이 우리를 더 늙게 만들지는 않을까요? 나이가 드니 당연히 아프고, 운신의 폭이 좁아져 더 움직이지 않으니, 오히려 결국 더 아프게 되기도 합니다.

마이너스 방향의 '늙음'에서 플러스 방향의 '나이 듦'으로 초점을 옮겨 보면 어

떨까요? 한 살 한 살 나이가 들면서 주는 삶의 지혜와 현명함, 거기에서 오는 통찰력도 늘어난다고 말이지요.

이 삶의 통찰력은 정신적인 것들에만 깃들지 않고, 몸에도 함께할 겁니다. 몸의 지성도 한 살 한 살 나이를 먹으며 차곡차곡 쌓여 비록 생리학적 수치들은 노화로 인해 떨어지지만, 몸의 생명력과 적응력은 더 현명하게 환경과 조율될 수 있습니다.

구체적 방법으로 이번 장의 앞부분에서 만나 본 '인히비션' 개념을 에이징에도 적용해 보면 어떨까요? 나이 듦을 막으려고 애쓰는 것이 아니라 스스로 늙음에 대한 정의 내리기를 보류하고, 가능성을 열어 어린아이처럼 매 순간 탐색하고 탐험해 보는 태도로 말이죠. 물론 고정 관념을 버리고, 매 순간 새롭게 경험한다는 것은 어렵습니다. 이때, 유용한 것이 앞선 글에서 만나 본 '내부 감각'입니다.

지금 바로 여기에서 내 몸을 통해 감각할 수 있는 나의 숨, 무게중심과 같은 작은 것에서부터 새로운 변화를 느껴 보는 것이 그 출발점이 될 수 있습니다.

> 마이너스 방향의 늙음 ——▶ 플러스 방향의 나이 듦

2) 젠더(gender): 사회적인 성

'남자아이는 파란색을 좋아하고, 여자아이는 핑크색을 좋아한다.'

이건 타고 나서가 아니라, 어린 시절 그렇게 옷을 입혀 길렀기 때문이라는 연구가 있습니다. (Paoletti JB, Kregloh C, 「The children's department」)

옷 색깔만이 아닐 겁니다. 남자답게 걷고, 앉고, 말하고, 여자답게 걷고, 앉고, 말하는 패턴들이 우리 문화에 존재하지요. 이러한 남자답게, 여자답게 행동하는

것은 행동만이 아니라 생각하는 방식에도 영향을 미치고, 그러한 생각의 고착화는 성별에 대한 한계를 짓게 만듭니다. 우리에게 익숙한 '남자는 울면 안 된다.' '여자는 조신해야 한다.' 등의 말은 이러한 고정성과 제한을 잘 보여 주지요.

알렉산더 테크닉에서 지향하는 나의 모습은 이러한 사회적 성 역할의 가면을 벗은 상태, 즉 남성, 여성의 가면이 벗겨진, 같은 조건에 있는 한 인간으로서의 모습입니다. 남성, 여성의 구분을 아직 하지 못하는 어린아이의 사고와 행동에는 그 제한이 없을 겁니다. 이처럼 **성 역할의 가면을 벗고 본연의 상태로 돌아가는 데에도 자세와 움직임은 중요한 출발점**이 됩니다.

우리가 다리를 쩍 벌리고 앉은 남성, 혹은 다리를 한쪽으로 가지런히 모으고 앉은 여성이 되었다고 연상해 보죠. 습관적으로 취하는 이 자세에서 앞선 앉기 챕터에서 배운 대로 원래의 뼈 구조대로 두 다리가 평행을 이루도록 나란하게, 그리고 무릎이 직각을 이루게 앉아 봅니다. 그리고 자세의 변화가 주는 몸감각적 경험을 '남성도, 여성도 아닌 나로 앉아 있다.'라는 사유와 연결해 봅니다. 별것 아닌 앉기 자세의 변화가 고정된 생각의 변화와 환기를 이끌 수 있습니다.

남자답게, 여자답게 ⟶ 인간답게, 나답게

3) 직업과 일

변호사, 의사, 배우, 회사원…… 우리에게 일이란 주로 직업이라는 틀 안에서 이해됩니다. 어린 시절부터 하고 싶은 일을 묻기보다는 하고 싶은 직업을 물어보는 데 익숙해져서 그러한 틀에 갇힌 듯도 합니다.

저 역시, 움직임의 본질이 궁금해 시작한 공부가 석사, 박사로 이어지면서, 초기에 가졌던 궁금증은 약해지고 박사를 끝마치면 '교수가 되어야지.'라는 목적의식에 사로잡히게 되었습니다. 정말 관심 있는 분야의 연구를 해 나가기보단 교수가 되기 위해 실적을 쌓는 논문에 치중하게 되었던 것이지요.

그렇게 박사를 끝내고 운 좋게도 얼마 되지 않아서 꿈에 그리던 교수가 되었습니다. 그러나 기쁨도 잠시, 정규 교수가 해야 할 연구와 학생들을 가르치는 일 외의 업무에 치이면서, 내가 잘하고 좋아하는 것은 무엇일까에 대한 고민이 들었죠. 그 즈음 주변 상황에 의해 교수직을 내려놓게 되었는데, 제게 '교수'라는 직함이 사라지니 자존감이 낮아지면서 심리적으로 쉽지 않은 시간을 보내게 되었습니다. 나라는 사람은 변함이 없는데, 직함이 사라지니 내 존재가 스스로 하찮게 여겨졌던 것이죠. 그럴수록 더 치열하게 '내가 하고 싶은 것은 무엇이었나?'에 집중했습니다. 사회적으로 더 안정적으로 인정받는 일이 아니라 진짜 내가 하고 싶은 일에 귀를 기울이는 시간을 보냈습니다. 그렇게 나라는 사람은 가르치는 일을 좋아하고, 표현하는 작업을 즐기며, 거기에서 보람을 느낀다는 사실을 알게 되었지요.

'교수'라는 직함이 없어도, 알렉산더 테크닉을 안내하는 사람으로, 움직임을 가르치는 사람으로, 새로운 무언가를 창조하는 사람으로 충분히 저는 가치 있고 행복한 사람이었는데, 이걸 깨닫기까지 꽤 오랜 시간이 걸린 것입니다.

더불어, 직업이라는 명사에 갇혀 생각도 몸도 경직되어 있었던 저 자신을 바라볼 수 있는 힘이 생겼는데요. 생각을 열고, '명사의 직업'을 '동사의 일'로 전환하니 저는 '해내야 하는 사람'에서 이미 '하고 있는 사람'이 되었습니다. 고정된 명사에서 진행되고 있는 동사로의 전환, 어찌 보면 참 쉬운 일인데 말이죠.

별것 아닌 이 생각의 전환이 저에게 매우 어렵고, 오랜 시간이 걸렸던 이유는 하나의 직업이라는 고정된 상에 사로잡혀 그것밖에 보이지 않았기 때문인 것 같습니다.

알렉산더 테크닉에서 말하는 인히비션(하나의 정답에서 벗어나 '아니오.'를 할 수 있는 시간을 주고, 열린 선택의 가능성을 허용하는 것)이 제게 큰 도움이 되었는데요. 의자에서 앉고 서는 동작을 하면서도 몸의 인히비션을 경험적으로 쌓아 가는 시간들이 점차 일상의 습관으로 자리 잡으며, 생각과 가치관, 신념에도 영향을 미친 듯합니다.

'내가 믿고 있는 이것이 진실인가?'라는 질문을 던지려면 먼저 진실이라고 믿고 있는 나를 자각해야 한다는 것, 이것이 제가 알렉산더 테크닉을 실천하면서 만난 인히비션의 모습입니다.

여러분께도 묻고 싶습니다. 여러분은 어떤 일을 하거나, 혹은 꿈꾸고 있나요?

이 질문에서 출발하여, 그 일을 하고 있을 때의 여러분을 떠올려 보세요.

가령, 그 일을 할 때의 움직임은 가볍고 즐거운지 혹은 무겁고 힘든지 말이죠.

그리고 여러분이 하고 있는 일이 여러분에 몸에 힘들고 어려운 몸감각으로 다가온다면, 이렇게 질문을 던져 보는 겁니다. '이 일이 진짜 내가 원하는 것일까? 진짜일까?'라고요. 이렇게 하나하나 질문을 던지며 진짜 내게 즐거운 일을 찾아가 보면 어떨까요?

> 명사로서의 일 ——▶ 동사로서의 일, 인히비션과 함께

'지금 여기' 되돌아보기

이완의 기술에서 출발한 이 책의 여정은 자세와 움직임의 기술로, 그리고 몸과 마음의 습관을 대하는 삶의 기술로까지 이어졌습니다. 알렉산더 테크닉의 관점에서 살펴본 '더 좋은 나'를 떠올려 볼까요?

호흡의 방해꾼이 사라져 원상태의 몸 구조가 회복된 나
외수용 감각뿐 아니라 내부 감각도 생생하게 느끼는 나
자세 항상성과 함께 흔들리며 서 있는 나
최적의 지지가 마련되어 효율적으로 앉아 있는 나
긴장통합체가 실현된 구부리기로 탄성력을 경험하는 나
지면 반력과 함께 부드럽고 자유롭게 걷는 나
'하지 않음'을 허용하여 열린 선택이 가능한 나

이러한 내용으로 자세와 움직임, 그리고 마음도 살펴보았습니다. 이 책이 '내 몸 사용 설명서'라 소개드렸지만, 실은 거기에만 국한되지 않은 '나(self) 사용'에 관한 주제들을 만나 보았지요.

지금 나를 괴롭히는 통증과 긴장에서 당장 벗어날 수 있는 명쾌한 자세 교정법과 운동법을 생각한 분에게는 기대와 다른 책이었을지도 모르겠습니다. 하지만 몸의 부분부분을 해부학적으로 이해하고, 알렉산더 테크닉의 개념을 실제 움직임에 적용해 보세요. 살아온 세월만큼 그 역사와 곡절이 쌓이고 굳어져 이젠 변하기 어렵겠다고 느껴졌던 몸과 마음의 습관이 조금씩 변화할 겁니다.

경직된 몸과 조급한 마음은 잠시 내려놓고, 호기심에 가득 차 '즐겁게 나를 경험하자.'는 태도로, '지금 여기'에서 나의 생생한 의식과 함께하는 몸감각 탐험 출발해 보시죠. 이 책이 여러분만의 움직임 여정에 좋은 지도가 되기를 바랍니다.

감사의 글

알렉산더 테크닉을 알기 쉽게 안내하는 책을 써 보겠다는 마음을 품은 지 약 6년 만에 『처음 만나는 알렉산더 테크닉』이 세상에 나오게 되었습니다.

이렇게 책이 나오기까지 오랜 시간이 걸린 이유는 대중서를 처음 집필해 보는 초보 작가의 서툼도 한몫했겠지요. 하지만, 오랜 시간이 필요했던 진짜 이유는 알렉산더 테크닉을 한마디로 정의하거나 객관적 언어로 설명하기 어려웠기 때문이었습니다. 이를 저의 주관적인 체험에만 기대거나, 알렉산더 테크닉에서 당연하게 여겨지는 것들을 그대로 옮겨 적는 책은 쓰고 싶지 않았습니다. 가능한 객관적 언어와 과학적 논리 기반 아래 제가 경험한 알렉산더 테크닉을 소개드리고 싶은 마음에 호기롭게 시작한 작업이었는데, 말로 설명할 때는 스스로 꽤 근거가 있다고 생각했던 것을 글로 써내려 가다 보니 '설명이 충분한가? 이 움직임의 근거는 무엇이지?' 이렇게 스스로 의문이 드는 지점들이 꽤 많았습니다.

이런 지점을 만날 때, 창시자인 F.M. 알렉산더의 저서를 곱씹어 다시 읽어 보기도 하고, 인지심리학·운동제어 등 과학적 기반을 가진 알렉산더 테크닉 교사분들의 책들, 그리고 교류하는 마스터 스승님들과의 소통이 큰 도움이 되었는데요. 움직임 원리의 근거를 최신 신경과학과 해부학 이론에서 찾아보고, 다시금 저의 논리를 다지는 시간을 갖기도 했습니다.

책을 집필하면서 알렉산더 테크닉을 충분히 잘 알고 있다고 생각하는 것이 저의 착각임을 깨달았습니다. 오랜 시간 이 작업을 해 오며 타성에 젖어 당연하다고 생각한 것들을 의심하고 다시 숙고해 볼 수 있었습니다. 그 시간이 저에게도 새로운 알렉산더 테크닉을 만날 수 있는 기회가 되었습니다.

저는 올해로 소마틱스 23년 차, 알렉산더 테크닉은 11년 차가 되었습니다. 그간 저에게 큰 가르침과 영감을 주신 스승님들께 감사함을 전합니다. 알렉산더 테크닉이 일방적 가르침이 아니라 그저 안내하고 촉진하는 환경을 만드는 작업임을 일깨워 주신 브루스 선생님, 배움을 나눈다는 것은 인생을 나누는 것과 같다며 삶 속에서 생생히 실천하는 알렉산더 테크닉을 몸소 보여 주신 타미 선생님, 과학적이고 논리적인 동시에 철학적이며 감성적이기도 한, 새로운 알렉산더 테크닉 수업 모형을 보여 주신 사키코 선생님. 이 밖에도 밥, 로빈, 아비, 소토 등 여러 소마틱스 마스터 선생님들의 좋은 가르침 덕분에 전형적인 틀에 갇히지 않고 '지금 여기'에서 저만의 자유로운 방식에 기반하여 알렉산더 테크닉을 실천하고 안내하고자 시도할 수 있었습니다. 그 연장선에서 이론과 실제가 함께 다루어지는 『처음 만나는 알렉산더 테크닉』이 나올 수 있었다고 생각합니다.

또, 많은 제자님들이 감사합니다. 11년간 만난 많은 학생분들, 설명하기도 참 어려운 미묘하고 섬세한 이 작업이 낯설었을 텐데 온전히 받아 주고, 솔직히 나눠 주어서 저도 함께 배우며 성장했습니다. 가면을 벗은 민낯의 나를 만나는 기쁨, 인식하지 못한 곳의 긴장이 놓이며 만나게 되는 미안함과 슬픔, 자세 변화에서 끝나는 것이 아니라 나에 대한 새로운 가능성을 만나며, 나를 대면할 힘이 생겼다는 고백에 저도 함께 눈물짓기도 하고, 함께 웃을 수도 있었습니다.

한국에서 알렉산더 테크닉이 알려지는 데 크게 기여해 준 배우 제자님들께도 감사의 말씀 전합니다.

저의 첫 배우 제자님인 정유미 배우님. 인간 정유미와 배우 정유미 사이의 밸런스를 잘 지키며, 정제된 삶을 살아가는 모습에서 저도 많이 배웠습니다. 찬찬히 알렉산더 테크닉을 배워서 연기에 녹여 가기를 바란다던 말에서 순수한 연기에 대한 열정을 느꼈고, 알렉산더 테크닉을 귀하게 보아주어서 감사한 마음이 들었습니다.

또, 방송을 통해 알렉산더 테크닉을 소개해 준 유아인 배우님. 일반적인 운동과는 결이 다른, 정답을 추구하는 것들과 반대를 지향하는 알렉산더 테크닉이 대중들에게도 소개되면 좋겠다는 배우님의 선한 의도의 말이 아직도 생생히 남아 있습니다.

또, KATI 알렉산더 테크닉 국제지도자과정 교수진과 졸업생, 재학생 선생님들, 모두 감사합니다. 이 책은 알렉산더 테크닉 활동 사진과 영상도 다수 포함하고 있어 많은 분들의 도움이 필요했습니다. 사설교육기관 자격증 과정임에도 불구하고, 따뜻한 공동체, 행복한 학교로 여기고 여러 일들을 흔쾌히 함께하여, 크고 작은 의사 결정에 동참해 줄 때마다 집단 지성의 힘을 느꼈습니다. 그 든든한 울타리 안에서 이 작업을 외롭지 않게 하고 있음에 큰 지지를 받았습니다.

판미동 출판사와 정지영 편집자, 김다희 디자이너 님께도 깊은 감사를 드립니다. 비슷한 책이 없어 어디에도 기댈 수 없었는데, 두 분의 진지하고 전문적인 작업 덕분에 기대 이상의 멋진 책이 만들어졌습니다.

마지막으로 정성으로 늘 기도해 주시는 조영호 여사님께 감사의 말씀 전합니다.

모쪼록 이 책을 통해 제가 그간 많은 스승님과 제자님들로부터 받은 몸의 지성과 마음의 지혜가 온전히 독자님들께 전해지기를 소망해 봅니다.

2022년 봄이 오는 장문로에서
김수연

참고문헌

김선진, 『운동학습과 제어』, 대한미디어, 2017.

닐 슈빈, 『내 안의 물고기』, 김명남 옮김, 김영사, 2009.

안토니오 다마지오, 『느끼고 아는 존재』, 고현석 옮김, 흐름출판, 2021.

프레더릭 알렉산더, 『알렉산더 테크닉, 내 몸의 사용법』, 이문영 옮김, 판미동, 2017.

Thomas W. Myers, 『근막경선 해부학』, 김성환 옮김, 영인미디어, 2021.

Amy Cuddy, 『Presence: Bringing your boldest self to your biggest challenges』, Little, Brown
    Spark, 2018.

Arnsten, A. F. T, 「Stress weakens prefrontal networks: molecular insults to higher cognition」,
    Nature Neuroscience, 18, 2015.

Crane, E. A, 「Measures of emotion: How feelings are expressed in the body and face during
    walking」, 2009.

Dart, R. A, 『The Evolution of Movement: A Guide to the Procedures Originated』, Mouritz,
    2018.

Dart, R. A, 「Voluntary musculature in the human body; the double-spiral arrangement」, The
    British Journal of Physical Medicine, 13(12), 1950.

F. M. ALEXANDER, 『Constructive Conscious Control of the Individual』, Mouritz, 2004.

F. M. ALEXANDER, 『Man's Supreme Inheritance: Conscious Guidance and Control in
    Relation to Human Evolution in Civilization』, Independently published, 2019.

F. M. ALEXANDER, 『The Universal Constant in Living』, Mouritz, 2000.

Eric Franklin, 『Dynamic Alignment Through Imagery』, Human Kinetics, 2012.

Leakey, M. D, 「Footprints in the ashes of time」, National Geographic, 155(4), 1979.

Liqing Cui, Shun Li & Tingshao Zhu, 「Emotion detection from natural walking」, 2016.

Mary Leakey, 「Footprints in the ashes of time」, National Geographic, 1979.

McCarty R. 「The fight-or-flight response: a cornerstone of stress research」, San Diego: Elsevier, 2016b.

Paoletti JB, Kregloh C, 「The children's department」, Smithsonian Institution Press, 1989.

Penelope Easten, 『Lesson with Miss Goldie』

Scarr, G, 「A model of the cranial vault as a tensegrity structure, and its significance to normal and abnormal cranial development」, International Journal of Osteopathic Medicine, 11(3), 2008.

Timothy W. Cacciatore, Patrick M. Johnson, and Rajal G. Cohen, 「Potential Mechanisms of the Alexander Technique」, Human Kinetics, 2020.

Walter Carrington, 『Thinking Aloud: Talks on Teaching the Alexander Technique』, Mornum Time Press, 1994.

Wilfred Barlow, 『Postural Homeostasis』, Mouritz, 2014.

Wilfred Barlow, 『The Alexander Technique』, Healing Arts Press, 1991.

처음 만나는 알렉산더 테크닉

1판 1쇄 펴냄 2022년 5월 4일
1판 3쇄 펴냄 2022년 6월 2일

지은이 | **김수연**
발행인 | **박근섭**
책임편집 | **정지영**

사진 촬영 모델 | **이규빈**
유튜브 촬영 모델 | **구희영**
프랙티스 촬영 감수 | **안소담**

펴낸곳 | **판미동**

출판등록 | **2009. 10. 8 (제2009-000273호)**
주소 | **135-887 서울 강남구 도산대로 1길 62 강남출판문화센터 5층**
전화 | **영업부 515-2000 편집부 3446-8774 팩시밀리 515-2007**
홈페이지 | **panmidong.minumsa.com**

도서 파본 등의 이유로 반송이 필요할 경우에는 구매처에서 교환하시고
출판사 교환이 필요할 경우에는 아래 주소로 반송 사유를 적어 도서와 함께 보내주세요.
06027 서울 강남구 도산대로 1길 62 강남출판문화센터 6층 민음인 마케팅부

©김수연, 2022. Printed in Seoul, Korea
ISBN 979-11-7052-136-5 13690

판미동은 민음사 출판 그룹의 브랜드입니다.